超越抚养

没有天生难管的小孩

洪宝瑟◎著

海峡出版发行集团 | 鹭江出版社
THE STRAITS PUBLISHING & DISTRIBUTING GROUP | LUJIANG PUBLISHING HOUSE

2016年·厦门

图书在版编目（CIP）数据

超越抚养：没有天生难管的小孩 / 洪宝瑟著．—
厦门：鹭江出版社，2016.1（2016.5 重印）
ISBN 978-7-5459-0997-5

Ⅰ．①超… Ⅱ．①洪… Ⅲ．①儿童教育—家庭教育
Ⅳ．① G78

中国版本图书馆 CIP 数据核字（2015）第 245757 号

CHAOYUE FUYANG: MEIYOU TIANSHENG NANGUAN DE XIAOHAI

超越抚养：没有天生难管的小孩

洪宝瑟 著

出版发行：海峡出版发行集团
鹭 江 出 版 社
地　　址：厦门市湖明路 22 号　　**邮政编码**：361004
印　　刷：北京睿特印刷厂大兴一分厂
地　　址：北京市大兴区星光工业开发区西红门福伟路四条十号　　**邮政编码**：102600
开　　本：710mm × 1000mm　1/16
印　　张：13.75
字　　数：155 千字
版　　次：2016 年 1 月第 1 版　2016 年 5 月第 3 次印刷
书　　号：ISBN 978-7-5459-0997-5
定　　价：35.00 元

如有发现印装质量问题请寄承印厂调换

自序

PREFACE

教养过程中，父母的作为和不作为

对于妈妈来说，生产的记忆除了撕扯的疼痛，还有等待宝宝啼哭时的屏气凝神，以及初见小家伙皱巴巴的皮肤时心底的温柔潮涌。妈妈们知道，自从见到他们第一眼，从此无论是喧哗街景，还是落寞荒原，在她们的眼中就只有他的悲喜。

“父母之爱子，必计其深远”，刚晋升为父母的“80后”、“90后”，已然成为社会经济发展的中坚力量，他们想让孩子规避自己之前走过的弯路，给他们提供更科学优质的抚育。这些年轻的父母研习育儿经典，频繁参加亲子培训，为孩子的人生规划精耕细作的流程。但是，人生不会像设计那样规整，生活也不会像预计那样顺遂，养育过程中随时会遇到难题，让你措手不及。

父母宠爱孩子，想让他感到父母的爱博大温暖，长大后有一颗乐观向上、有安全感的心，于是万事都想顺遂他的意愿，但这样做孩子可能会因此出现蛮横无理的苗头。此时，年轻的父母也知道自己该严厉纠正孩子不良的态度，但选用什么样的方法才合理，严厉程度又如何去把握，这成了他们纠结不已的事儿——责罚重了，怕伤害了孩子幼小的心灵；责罚轻了，又怕起不到有效的警示作用。于是，年轻的父母们出现对孩子警示时态度犹豫、宠爱时心藏惶恐的状况，也就不足为奇了。

在中国，目前大多家庭都是长辈帮着一起看孩子，三代同堂。父母在教养孩子时又掺杂了长辈的意见。明明自己已熟读育儿书，但当在教养孩子与长辈观点不一致时，还是会意志不坚定。比如喂饭这件事，年轻的父母们鼓励孩子自己吃饭，但是让孩子自己吃饭，注定要将饭桌弄得杯盘狼藉。这时长辈就会觉得父母太过于娇惯孩子，在饭桌上不能让孩子养成好的习惯。于是年轻的父母心里又开始打鼓，犹豫自己是不是应该喂饭而不是让孩子自己吃，并犹豫自己是不是该调整教养孩子的方法和尺度。

特别是当孩子犯了错误时，到底怎样才是管教得当呢？是严厉地惩罚，还是对孩子的错采取宽容的态度，用博爱的心去信任孩子，让他们自己认识到错误呢？父母什么时候该积极地有所为，什么时候该有意识地放手，让孩子主动成长？这是很多年轻父母的困惑。

有的父母知道孩子成长需要玩伴，但又担心自己的孩子和别的孩子一起玩会受到伤害，于是很少放手让孩子接触同伴群体。没有同龄玩伴，孩子发展的社会化进程被人为阻断，他们只有与家长之间的依恋关系，于是孩子就体会不到在群体中的归属感，也难在群体中找到自己的位置，大一点进入学校后往往会变得不合群，或者总是遭排挤、受欺负。

与同伴交往技巧不熟悉，家长又不给他们机会练习，他们就更难理解别人的肢体语言，也不能正确表达自己的情绪，不能被别人理解的心理压抑以及不被群体肯定和尊重带来的愤怒和委屈，使他们会没来由地发脾气，或者索性游离在群体之外。

有的父母虽然嘴上说“我只希望孩子将来能平安、快乐”，但心底依然渴望孩子能成“龙”成“凤”，于是穿梭于各种辅导班；看到别的孩子上各种兴趣班，自己也可能会不顾孩子的性格特点或者兴趣所在，去强行培养孩子的“特长”……

虽然年轻的父母在养育孩子方面会遇到各种问题，或多或少都曾经或正在焦虑，但也不用过于担心，不用过于纠结作为与不作为。其实，万物都有其特定的属性，群居动物天然地、本能地就有学习社会规范、自觉遵守社会规则的心理动力，谁不遵守法则，谁就出局，被群体排斥，将失去生存的机会。人是群居动物，有根深蒂固的社会属性，能自然而然地明确自己在群体中的序位，自觉自愿地依从社会法则，自然而然得到心理上的安全感，心灵找到归属。

在孩子找到心理归属的过程中，家长只要把握一些框架性原则，给孩子以方向性指导就够了。孩子来到这个世界，大自然已经为他配备了全套的生存潜能，只要家长不阻断孩子的自然发展，并在儿童发展的关键期给予正确的引导，鼓励他迈向新的台阶，必要时给予一定的规范，相信孩子完全能够成长得健全、茁壮。

我们既不能把养育等同于简单的“饲养”——吃饱穿暖，任其发展；又不能把教育当成简单的“教导”而忽略孩子自身的“成长”。虽然养育孩子是以爱为起点也以爱为终点，但光有“爱”的情感是远远不够的，我们得辅以行之有效的手段，让孩子“在父母的帮助下完成精神上的自觉性自我发展”。

在书中，我主要针对父母在养育孩子过程中的焦虑痛点，给出解决方案；同时也针对孩子常见的一些“问题”，结合不同年龄段智能心理发育特点，给出不同的应对办法；而面对孩子的“敏感期”，我们又该有哪些作为和不作为。我的初衷只有一个，就是在尊重生命的前提下，如何让父母多从孩子的视角来试着理解孩子的行为，认同他们的情感，从而采取行之有效的教育方式，让父母能真正激发出小家伙们的天赋，活出他们的“天命”，让生命借“教育之手”变得更贴近生命的本质！

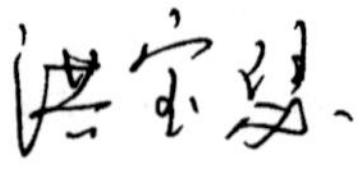

2015年12月

目录
CONTENS

Chapter 1

左手规矩，右手爱

过多替代的结果只会扼杀孩子的自我意识和独立意识，弱化孩子参与自身、家庭和社会事务的能力，甚至使孩子不能成为一个完整的、自立于社会的人。

1. 过多的替代，让孩子摸不着“边界”

有时候孩子会任性，比如非要坐别人的位置，非要玩别人的玩具……父母不同的作为会带来不一样的结果。有的父母处理得当，便使孩子摸到了世界的边界；有的父母处理不当，便成了孩子成长的阻碍。

被溺爱的宝宝要轻生

这是我一个病人的故事。他是一个 18 岁的高中生，小名宝宝，因为轻生被家长押着来见我。来的那天，爸爸妈妈爷爷奶奶外公外婆全来了，都面色凝重，而小伙子自己却很淡漠，仿佛是个局外人。

两个月以前，因为与同班初恋女友分手，宝宝两度割腕自杀未遂。宝宝和他的女朋友是高一确定关系的，虽然双方家长和老师都极力反对，但两个孩子很坚持，而且竟然同居半年多了。前两个月，因为闹别扭女朋友提出了分手，并且搬离了出租屋，于是宝宝开始闹自杀。头一次割腕自杀，是同学破门而入送的医院。全家人都急疯了，宝宝的爸爸妈妈甚至跑到他女朋友家，求姑娘回心转意。无果后宝宝再次割腕自杀，这次是爸爸发现的，于是立刻带他来看我的心理门诊。

听到“宝宝”这个小名我就猜到了孩子的病情，家里人拿他当个宝，外面人人都喊他“宝宝”，这就暗示他自己就是个宝；是宝就得所有人宠着，在家里当小皇帝，在外面也只能他拒绝别人而不能被别人拒绝。于是女朋友一提分手，他就崩溃了。

我问宝宝妈妈：“家里人都很宝贝孩子吧？”“是啊，从小我们对他都是千依百顺的，什么活都没让干过，一点苦都没吃过的。这次失恋真是打击太大了。”失恋这件事打击大不大我们姑且不说，可如果失恋了都闹自杀，那医院都住不下了。宝宝的娇弱，是父母溺爱下的产物。孩子要调整，家长更要调整。

溺爱是一种不理智的爱

苏联有个教育家，叫苏霍姆林斯基，他说，“溺爱是家长和儿童关系上最可悲不过的东西”，因为“受这种态度培养的儿童不会懂得，在人与人的共同生活中有‘可以’‘不可以’‘应当’这些概念。这种儿童觉得，对于他来说一切都是可以的。他变成了任性的、往往是近乎病态的人，生活中的少许困难，对于他都会成为无力承担的重负”。这种母鸡爱小鸡似的“本能的、不理智的爱”只会阻碍孩子的发展。

被溺爱的孩子常常有这样一些特征：在家里就是NO.1，处处高人一等，吃的用的都是名牌，要什么有什么，爷爷奶奶不过生日可以，孩子过生日得买大蛋糕；什么事情都由家长包办，五六岁了还要喂饭，六七岁了还不会穿衣服……家长对孩子的生活大包大揽就是为孩子好吗？家长能替代孩子成长吗？我见过很多溺爱下的悲剧人生。由于家长的溺爱，他们目中无人，认为自己就是世界第一，但步入社会却四处碰壁，然后一蹶不振，觉得所有人都在为难他，压力山大，再也走不出家门了，更别说结婚生子这种需要他负起责任的事儿了……

孩子是发展中的人，他们拥有发展全部体能智能的权利。说得难听点儿，你溺爱孩子大包大揽，其实就是在剥夺孩子发展的权利，是家长的自私行为。1989 年，联合国通过的一部《儿童权利公约》，讲到教育的目的时说："教育是为了最充分地发展儿童的个性、才智和身心能力。"我们可以检视一下自己的"教育行为"：是不是总是在跟孩子说"那谁谁都会自己穿衣服了"而你却每天帮他穿脱呢？是不是在他玩得尽兴的过程中一会儿递水一会儿递水果呢？是不是在他要挖沙和泥时告诉他那些东西都太脏呢？

如果孩子是水，家长就是夹持水流的河岸

小孩子生下来就有一个任务：我要试探这个世界的边界。你说火不能摸，千百年前我们的祖先也不知道火不能摸，是经过试探后受了伤才清楚的。初生的孩子也这样，不清楚世界的边界在哪里，所以他什么都想尝试，但是家长要给他设定边界。如果说孩子就是河里自由浪漫的水花，随心所欲地到处流，那么我们家长和学校就得成为河岸，水花只有在河岸的夹持下才能最终归于大海；否则就会四下散去，要么渗入地下，要么自然蒸发，不久就会消失得

无影无踪。

河岸怎么限定？跟孩子定规矩。孟子说：“不以规矩，无以成方圆。”比如孩子要试探边界，摸电门。这肯定不能试，你要给他立“铁规矩”。

另一种是可以根据事态发展灵活处理的规矩。比如班车上孩子就要坐别人的座位，或者孩子就要别人的东西。这种情况是孩子不理解什么是“你的”、什么是“我的”的概念，不明白为什么不可以随着自己的性子坐喜欢的座位，或者拥有自己想要的东西。这时候，你可以让孩子自己去交涉。如果他能顺利地把对方说动了，那是他的本事，会让他感受到解决问题的乐趣，增强对自己处理问题的信心。他会特有成就感，在以后的生活中对解决问题和人际交往都充满自信。

但很多小孩子自己不敢说，会又哭又闹地要求家长去帮他交涉。这时候你可以告诉孩子，“等一等，我去帮你创造条件”，然后去跟对方谈。

你不能这样谈：“我的小孩想要坐这里，能不能跟您换一下？”如果对方是你同事，你稍微一示意，人家就会起来，因为不能跟小孩较劲呀。如果你是领导，有权势，你都不用谈，对方肯定就站起来了。但你要真这样做，孩子可就坏了。为什么常说“富不过三代”“皇子成不了气候”，这时候就埋下“因”了。无数件这样的小事会让孩子误以为父母可以帮他摆平一切，自己世界的边界是无止境的。成绩不好没有考上好学校？父母交择校费！没找到工作？父母安排。接着是“小打小闹”的违法，比如开车超速、打人，终于发展到父母也无力收拾的局面，比如李双江的儿子李天一卷入了强暴案，“富二代”徐义淳在美国违规驾驶撞死人……

你应该这样去谈："我的小孩想要坐这里，麻烦您一会儿告诉他'不可以'。"孩子被拒绝后，也许还会委屈地回来找你，这时你稍加安慰并且告诉他个中原因，可能从此他就懂得人与人交往的边界在哪里了。

2. 建好家庭秩序，孩子才会遵守社会法则

如果小时候没把家庭规范建立起来，没有教会他尊重规范，那么在成长过程中，他就可能无法理解社会规范，在遵守社会法则的问题上遇到障碍。

“啃老族”是怎么来的？

现在有一些年轻人，他们已经成年，已经具有社会生存能力，但还是靠父母养活自己，社会上把这些年轻人称为“啃老族”。有媒体报道，在我国，城市里有 30% 的年轻人靠“啃老”过活，65% 的家庭存在“啃老”问题。

“啃老族”怎么来的？有人说是经济不景气，就业机会不好，或者创业条件不理想等。在我看来，大部分属于家庭教育问题，是小时候父母没能为他很好地设立边界，是他不了解社会规则，不懂得尊重权威的结果。

“啃老族”不是没有能力，他是有能力的，他上过学，有一大摞证书。他也不是没有找过工作，但每到一个公司他总是搞不清楚谁在上谁在下，他跟老板说你这样做不对，你这样做公司要倒闭的——老板很自然地开除了他；或者，

他提的意见老板没采纳，他就觉得老板没眼光，那么好的建议不听，然后自己走人了。到了任何一个环境，他认为里面的人应该都听他的，不能做基础工作——这叫找不到自己的社会位置。

《西游记》里的孙悟空是很有能力的人，他最大的特点就是本事大，最大的缺点是不跟领导汇报就按自己的想法干了。前面有妖怪，他说“等俺老孙来”，结果师父没发话，他也没请示就把妖怪打死了。虽然干的都是好事，但是回来就被师父念紧箍咒了。幸亏有师父的紧箍咒，否则他一定会离开师父。现在的“啃老族”实际上就是孙悟空，他总是想超出领导的指令之外，干自己想干的事情。但是你干的事情不在领导的总体规划之内，自然得不到支持。于是他会非常生气，炒老板鱿鱼。他们大多是有能力的，却因为不能处理好人际关系，不能适应复杂的社会，而不得不退回到他原来的家庭环境里。在这个环境里他才能感觉舒适，孩子父母被“啃老”的命运似乎难以避免了。

模拟社会层级，建立家庭秩序

一群猴子，每只猴子都知道它在这群猴子里面排老几，见到谁得表示臣服，臣服是什么动作，都是有规定的。这是谁教的？不知道，但是猴群都这样。这就是猴子的社会结构。人一样是群居动物，人类社会也有层级结构。一个公司有董事长、总经理，有部门经理，还有普通员工。普通员工接受部门经理的领导，部门经理被总经理领导，总经理听董事长的，层级分明。一个家庭如果也能建立起好的家庭架构，孩子的很多问题就能够解决了。

如果家庭秩序没有建立起来，在家里没有孩子敬畏的人，他会觉得家里人都应该听我的；如果大家不听他的，他会苦恼于“为什么跟你们说不明白道理”。比如，夏天每天吃冰棍，到了秋天不让他吃冰棍了，他不明白为什么不能吃，会非常着急，急得躺在地上打滚。又如，外出时他要吃路边的羊肉串，你说这个不卫生，他也会哭着在地上打滚。这是能理解的，大人有时候也会因为说不明白某一件事情而着急。他着急是因为他只是想不明白，为什么我想吃你不让我吃。

如果家庭秩序建立起来了，问题就好解决了，比如爸爸敬畏爷爷。爸爸就可以对孩子说：“爷爷说不能买路边的羊肉串，如果我买了，回头爷爷会说我的。”他会觉得，尊重权威是天经地义的。当然，在孩子心里树立权威，让他懂得秩序的边界时，父母一定要让孩子明白你们对他的爱依然不变。这就是我们常说的，拒绝孩子时，语气是平缓的，但态度是坚决的。特别是当孩子不讲道理，家长又必须制止他的某种行为时，就可以动用权威的力量，让孩子守规矩。比如，1 岁的孩子去摸电门了，你跟他讲道理肯定讲不通。大人说电会咬人，孩子想的是“我没见过”。这时候如果他去摸了，给他的手一巴掌，他的手一疼，心里就会觉得电门果然是不能摸的。

这个道理，大哲学家黑格尔说得好：“家庭教育的另一个内容是培养子女的服从性，服从性的培养可以使子女产生长大成人的渴望。反之，如果不注意子女服从性的培养，他会变得唐突孟浪，傲慢无礼。”所以在孩子的头脑里要树立一个权威，如果在他的脑子里没有权威的概念，那孩子长大后要适应这个有规则、有权威的社会，也会很困难。

建立家庭秩序就要选出一个权威来

家庭秩序怎么建立？其实就是在家里面选出一个权威。小孩子在两三岁时有一个时期，对大人非常崇拜，因为崇拜所以才模仿。这个时期正是建立家庭秩序的好时机。

比如家里爷爷是权威，那么爷爷说话谁都不能反驳。我们可以故意设置一个情景让孩子来体会。比如，妈妈在洗衣服，一手的肥皂，“权威”说话了：“晚上9点关灯睡觉啊！”妈妈恳求：“再给5分钟吧，马上就好。”结果到了9点零5分，“权威”连提示都不提示，“啪”就把灯给关了。这时候妈妈只能摸黑洗手睡觉。想把灯开开，绝对不可以！孩子见了心里就会觉得：“太可怕了！这权威多厉害啊！”

“权威”建立起来后，其他大人要配合巩固。一个法规，如果人人去破坏，那就不能称为法规了。比如“红灯不能走”，但公安的车过去了，军队的车过去了，局长的车也过去了，那么紧接着副局长的车、科长的车也会寻找机会闯红灯。所有的规矩，一有特例就完了。对孩子更是如此。否则他永远会觉得“我就是特例”，一碰到规矩就会不自觉地让自己变成特例。考初中、高中，“我可以交赞助费”；考大学，“我可以出国留学”；等到留学回来找工作了，顺理成章还得依赖父母用“特例”的方式来解决。

古代讲究“礼教”“乐教”，“礼”就是大家都遵从某种规矩，“乐”就是给你一种生活的韵律感，有礼有乐，生活就会非常自如。比如上厕所，男的上男厕所，女的上女厕所；我是女的就去女厕所，谁也不会在这个问题上纠结，说女厕所比男厕所远五步，我为什么多走这五步呢。所以孔老夫子说“从心欲，不逾矩”，随心所欲地生活都在规矩之内。如果小时候你没把这些规范教给孩子，没有让孩子学会尊重权威、尊重规范，那么在整个成长过程中，他的所有精力都在寻找规矩的缝隙。他会觉得自己成功的法宝就是找到缝隙，唯一成功的途径就是找缝隙。这样他在生活中肯定拧巴。

3. 发动社会的力量，让孩子学规矩

我们在家里也要给孩子建立一个社会结构，这个结构要符合真实的社会，真实的社会是有规则的。规则不能因人而变，不能说孩子一哭我们就改变规则。

建立家庭架构是为了给孩子演示社会模式

我们建立家庭结构实际上是在给孩子演示一个真实的社会模式。过去，我们的孩子会跟院里的其他孩子一起玩，在那些孩子里面其实有着非常严格的社会规则。那个社会规则是祖祖辈辈传下来的，比如玩滑梯要排队，跳房子踩线了就得被淘汰……没有一个孩子说“我就不排队”“我就不下去”，因为你不下去大家都不跟你玩了。这就是结果，孩子怕这个结果。

为什么现在我们要有技巧地建立家庭结构呢？因为都是独生子女，跟其他孩子玩得少，跟家里大人玩得多。比如孩子跟爷爷下棋，爷爷永远输，孩子永远赢，这就麻烦了，孩子不知道下棋是有输有赢的，没有机会学会基本的社会规则。所以我们在家里也要给孩子建立一个社会结构，这个结构要符合真实的

社会，真实的社会是有规则的。规则不能因人而变，不能说孩子一哭我们就改变规则。

我有一个朋友，在家里她的奶奶就是权威。他们小区有一个沙堆，每天会有一大帮孩子一起玩沙，小孙女也经常参与。有一次我去他们家，吃饭时间到了，但孩子玩得高兴不愿意回家，妈妈叫了无数次，小女孩头都不抬。于是奶奶走到跟前叫了一声："快回家吃饭。"小女孩立刻站起来："是！"答完之后，又恳求："奶奶，我再玩一分钟吧。"奶奶没理她，径自往家走。小女孩立刻就拍拍手上的沙子，对小朋友们说："你们玩吧，我回去了。"然后跟在奶奶身后就回家了。这就是权威的力量。

在孩子小的时候，得给他树立必要的服从的观念。要不然他会觉得规则是我定的，为什么你发布啊？现在的很多家庭里，孩子是发布命令的人，别人是执行者。他说渴了，大人立刻站起来给他倒水，他手上该干吗干吗，只需要把头探过去，然后张嘴。我觉得这个比"饭来张口，衣来伸手"还不如。为什么这么说呢？孩子渴了，他连下一步需要什么都不用去想，由家长替他想好了——哦，你要喝水了，然后我给你倒水。这样下去，孩子能不变成"宠物"么？有家长要问了，那怎么办呢？孩子那么小，并不能让他自己去倒热水瓶里的水啊。我给大家两个方法，不妨试一试。一种是可以学蒙氏教育提供"有准备的环境"，在家里孩子能够得着的地方（比如茶几、小桌子）上放一个他常用的温水壶，里面备着可直接饮用的温水，他渴了，就可以自己去温水壶里倒水，根本用不着大人管；另外一种方法就是让孩子用礼貌的口气表达自己的需求，而不是自己的状态。比如，过去我儿子也说"妈妈我口渴了"，我会倒过来问他："你口渴了，跟我有什么关系吗？你自己要做什么呢？"于是他就会说："妈妈，我口渴了，请你帮我倒杯水。"这样一个细节，就能够让孩子知道，口渴——倒水——喝水，这是自己的事情，在自己做不到的情况下，才可以有礼貌地请别人帮忙。这样，一个"长幼有序"的家庭秩序就建立起来了。

否则的话，你能保证他永远过这种被人伺候的生活吗？会永远成为发布命令的人吗？显然不行。

80%的规矩是模仿来的

有人说我们家是民主教育，我们是给孩子讲道理讲爱的。民主式的家庭教育很好，爱也是一个家庭最重要的基础，但讲民主讲道理得有一个年龄的限定。

想一想，我们有谁会跟一个两岁的小孩在那儿蹲着说你是男孩，你要上男厕所，如果不上男厕所会出现什么后果。但小男孩还是会听从大人的安排上男厕所。我们也不会跟一个两岁的小孩说，我们要听警察的话，服从警察的指挥，开车时交警让靠边停车我们就得靠边停车。孩子没有见过交警打司机，也不会理解司机不听交警的话会出现什么后果，但是他仍然会听警察的话。

孩子到一定的时候会对成年人有一种崇拜。这个崇拜是在遗传基因里的，到了这个岁数他就会崇拜，就跟小动物似的。比如小鸭子，它一出壳，第一眼看见的是谁，它就跟着谁。第一眼看见一个木头车，它也会跟着那个木头车。木头车往哪儿推，它就往哪儿走。两三岁的孩子，这种特性更加明显。他会崇拜家长，这时候家长的所有作为他都会认为是不可抗拒的。由于崇拜，他才会模仿。如果家里人都听奶奶的，都把奶奶当成权威，他也会认为奶奶就是不可动摇的权威。至于违反权威有什么后果，他只知道非常严重，但具体是什么他不清楚。权威也无须细细描述自己的惩罚措施，只需要头戴“权威”的帽子就可以了。“惩罚”的大棒不要轻易挥下来，否则孩子就会知道：“哦，原来犯规的惩罚就是这样的”，下次想犯规时对惩罚就有心理准备了——悬在头顶的达摩克利斯之剑才是最有威慑力的。

80% 的规矩是模仿来的。无论年纪多大的人开车，看到交警一敬礼一摆手，都会靠边停车，即使那个交警只有 18 岁——当然，我们大人清楚违反交规的后果是什么。所以孩子服从警察，是模仿大人而来的。只有 20% 的规矩是用话语讲出来的，这需要孩子大一些了，能理解规则之后。在这之前，我们只需要用行为示范让孩子明白规矩在哪里。

发动社会力量充当孩子的人生法官

父母不是孩子人生的法官，社会才是。不穿裤子不许出门是父母说的吗？是社会说的。即使是成年人，在自己家里不穿衣服也是被允许的，但如果上大街就会遭到指责。孩子要遵循社会规范，不能光看父母的脸色。

比如慈禧，她一共教养了两个孩子，但都不成功。因为她的孩子只需要服从她一个人，他们都会想，天下所有的人都服从我，我只需要服从慈禧；天下只有慈禧一个人是法官，那么我的敌人就只有慈禧一个人。历史是一面镜子，可以映照古今。慈禧是一个在权术方面很成功的女人，但是她自己的孩子教养失败了，抱来一个还是教养失败，都跟她对着干。为什么她在这方面总失败呢？

在大臣们的心里，不管谁上台，都只是一个皇帝，如果抽大烟抽死了，那就再选一个；不管谁当皇帝，我还是大臣。但是慈禧不这样，她的孩子当皇帝她就是皇太后，别人的孩子当皇帝她可能就会变成阶下囚。慈禧认为："我有一个亲生儿子，如果他不成功，我就会死无葬身之地。"所以她要求他必须成功，并没有扮演好慈母的角色，也没有想办法发动社会力量去管教孩子，而是单刀直入，自己直接去当法官了。当一群拥护她儿子的人反对她时，她的暴力镇压使她的儿子更仇恨她。

我们家长得吸取教训，学会发动社会力量，让别人当法官，你当慈父慈母。有一对父母，自己没能帮助 6 岁的儿子认识社会序位，没能建立起健康的家庭层级关系，于是拜托朋友帮忙。选了一个周末，他们就让儿子借住在朋友家，然后自己离开。

朋友夫妻和 4 岁的女儿一起住在一个部队大院里，他们家的习惯是号声一响，就起床穿衣服吃饭。第二天一早，听到号声的一家三口都起床了，但是借住的小男孩不为所动，虽然醒了，但还是像在家里一样，赖床不起。主人家也没有理他，按照自己家的生活习惯，吃完早饭就刷碗，什么都没给小男孩留。小男孩看在眼里并没当回事，只是无所谓地说："我妈给我带了好多零食呢。"主人一听，把零食拿过来往垃圾桶一扔。主人家小姑娘背着手走到小男孩跟前，笑着说："哥哥，我们家吃零食是会挨打的！"小男孩一看，零食也没了，一骨碌就爬起来了，问："叔叔，早饭我吃什么啊？"主人笑眯眯地看着男孩说：

“没有啦，刚才都吃完了，只能等着吃中饭了。”中午的时候那男孩特别老实，主人包饺子，他就跟着帮忙。等到饺子包好煮熟，那孩子吃了满满一大碗。

如果这个孩子在自己家，肯定不会这样乖乖地被饿一顿；但是到了别人家，也只能遵守别人家的规矩了——到点就要吃饭，不吃就没有了。通过这样的经历，他就会明白，自己并不是宇宙中心，必须遵守必要的规则。

有的孩子总是不愿意自己吃饭，我们可以带他到饭店去，提前跟服务员商量好。点菜的时候就问服务员：“你们这里是不是小孩必须自己吃饭？是不是孩子喂饭就不能点菜？”小孩子为了能吃上喜欢的菜自然会自己吃饭了。如果他一边吃一边玩，你可以问服务员：“你们这儿是不是小孩子一离开座位后面的菜就不上啦？”只要一次，孩子出门就不会要大人喂饭，也不会吃饭的时候到处溜达了。

家长经常会说，孩子在幼儿园吃饭很好，但一回家就毛病多多，其实也是同样的道理。孩子知道在幼儿园是有法官的，他必须服从；但在家里不一样，可以随心所欲。原因在哪里，不得而知啦。

4. 约束孩子，家里最好有个“法官”

妈妈一会儿和善，一会儿又非常严厉，变成“法官”，这样孩子心中妈妈的定位就会混乱。长期以往，孩子在跟别人打交道时，对别人的定位也会出现混乱，他的心永远揪着，不知道对方什么时候会变脸——即使长大成人后也不能放松地与人交往。

家里“法官”和“律师”要有区分

有一次我在植物园碰到一对母子，一开始妈妈给孩子讲解各种植物特性，两人玩得特别融洽。但没过多久气氛就不好了，妈妈希望在晚高峰来临前回家，而孩子没玩够还不想回家。最后，两人发生严重的冲突，虽然妈妈胜利了，孩子哭哭啼啼地跟着妈妈一步三回头地走向了出口，显然这不是一个好的解决方案。母子间这样的冲突很常见，我觉得这位妈妈的做法并不是很妥当，容易造成自己在孩子心理上的定位混乱：当你给他讲植物特性的时候，你的形象是十分和善的；但讲完几种植物特性突然很严厉地说“不能讲啦，必须回家”，变成法官了，你在孩子心中的定位就混乱了。长久这样，孩子与人打交道时对别人的定位也会出现混乱，他的心永远揪着，不知道对方什么时候会突然变脸——即使长大成人后也不能放松地与人交往。

我们说过孩子的天性就是试探边界在哪里，所以父母和孩子的矛盾是天然存在的，这也是我们需要在家里树立权威的原因。权威就是家里的法官，要永远“高高在上”。比如现在很多父母会给孩子讲睡前故事，很多时候讲完约定的故事该睡觉了，但孩子会耍赖，要求再讲一个。讲故事是非常温馨的事情，讲故事的妈妈是很有爱的形象，是孩子的朋友，妈妈要保持这个一致性，要假装跟孩子站在一边，成为孩子跟“法官”谈条件的桥梁，成为孩子的“律师”。孩子的对立面永远是权威。比如权威是爷爷，妈妈就可以假装问爷爷：“爷爷，我们再讲一个可不可以啊？”爷爷说“不可以”，或者爷爷说“只能再讲一个”，那么即使爷爷不说后果怎么着，孩子也会乖乖服从。

我们现在很多家庭都是小家庭，只有夫妻和孩子，爷爷奶奶不跟着一起住，这怎么办呢？妈妈可以偷偷地跟孩子说：“那就再讲一个啊！”然后第二天吃饭的时候，爸爸可以充当权威的角色，问妈妈：“说好讲两个故事，昨天是不是讲了三个？今天不要吃饭了。”假装罚妈妈，妈妈就真的不吃了。这样会让孩子觉得妈妈和他是一边的，会觉得妈妈是他的心理支持者，跟妈妈两个人的关系特别铁，但是权威的话是不可以违背的。下次孩子再要求多讲故事，妈妈可以说：“不能讲了，你爸爸该生气了。”孩子就会知道违反了这个约定，会有一个什么样的后果。

“恩威并施”可以，但不要同时扮演两种角色

有的家长会有这样的疑虑：“如果某段时间只有我一个人看孩子，我怎么约束孩子呢？”其实，我说的不是一个人能不能扮演两种角色，而是不能同时扮演两种角色。角色的转换不能那么快。一会儿你跟孩子是一边的，一会儿你一拍桌子一瞪眼又成法官了。那么你跟他一起快乐玩的时候，你是快乐的，但他的心是揪着的，他不知道你什么时候会变脸；而当你变脸了，他就会想，我要想办法哄你，把你哄得和善起来，你还是有慈善的那一面的。有的成年人在与人交往时会特别在意别人的看法，会不自觉地取悦别人，特别不会拒绝人，就是跟小时候的这种经历有关系。

想着对孩子恩威并施可以，但这个转换的过程最好长一点。否则，你跟他玩的时候，即使特别开心，他也会担心板子什么时候会上来。最开心的时候，就是没有边界的时候，而这时候往往会“乐极生悲”。兄弟姐妹多的人应该有这样的体会，当你们开心闹腾的时候，家长肯定会吼过来。这个《红楼梦》里面就有描写。整部小说中，贾宝玉最开心的时候就是第六十三回“寿怡红群芳开夜宴”中，他在怡红楼夜宴大观园众姐妹，那时候其实已经犯规了。林之孝查夜时催促他们早点睡觉，但直到二更时分大观园的姐妹们才回去，而宝玉跟丫头又玩到四更。所以小孩最开心的时候，也就是即将要犯规的时候。如果你的脸一会儿笑着，一会儿板着，孩子就弄不清你的脾气，也弄不懂你的角色了。比如小孩子正跟一只兔子玩，他老是想着兔子急了咬人，就不会玩得尽兴，就会玩不痛快。

有的家长又会着急了：“当孩子快要触犯边界的时候，我怎么提醒他呢？”这时候权威就要出场了。比如两个小学生一起玩，快要触犯纪律的时候其中一个孩子会说：“老师不让这样啊！”另一个小孩一听“老师”这两个字，立刻就会停下来。你也可以用用这个技巧，当他的同谋，让他知道你们俩永远是一边的，但是快到边界了，就告诉他法官要来了，要收场了。

妈妈不宜扮演“家庭法官”的角色

家里的权威不要多，一个足够了。一般孩子跟妈妈关系最近，接触最多，所以妈妈最好不要成为权威，否则这个关系就没办法处了。这就好比我们开生日宴会，有一个亲戚是当警察的，我们会要求他穿便衣来参加宴会。快乐放松的生日聚会如果有一个穿着警服的人在身边，大家潜意识里就不能放松了，就不愉快了。所以，“家庭法官”应该由一个跟孩子有一定距离感，又有一定影响力的角色担当。老人跟孩子一般不容易玩到一起，所以老人是最合适的“家庭法官”人选。这样，孩子可以跟其他人打成一片，玩得特别疯，但如果越矩了，“法官”就会制止了。

前面我们说过的我的那个朋友，小女孩的奶奶就是权威，就是“家庭法官”。小女孩的妈妈很疼爱孩子，总愿意给孩子喂饭。现在，只要妈妈一个人带孩子，一到吃饭时间小女孩就会在饭桌前坐好，张大嘴巴等着妈妈喂；但奶奶在家时她就会自动自发地好好吃饭。她跟爸爸玩的时候，会把爸爸推倒，然后揪着爸爸的头发，说：“爸，我扶你起来。”爸爸说：“你不能揪头发啊。”她就在扶爸爸的时候先问一下："爸爸，我可以揪你的头发吗？"爸爸跟她说十遍八遍也没用。有一次奶奶看到了，批评了小女孩的这种行为，从此她就再也没有继续这个游戏了。

其实成为家庭权威牺牲也挺大的，他失去了跟孩子亲近的机会。我的朋友就说，直到现在，她孙女都上小学三年级了，跟她都从来没有什么亲密的互动。

5. 从基本礼仪开始，学习社会纪律

孩子有礼貌、有教养，需要教养、教化，这是一个“化”的过程，他们是可以在无形之中形成的，所以老子讲“行不言之教”，但这并不代表家长不用心。

把礼仪变成行为习惯，生活会更自由

咱们现在的社会强调自由，但自由不是没有规矩。比如一群人吃饭时只吃自己喜欢的菜，上电梯不管有没有长者自己先上先下……这就不是自由，而是没有规矩、没有教养了。教养、教化，是一个“化”的过程，是无形之中形成的，所以老子讲“行不言之教”。

小孩两岁就要有群体生活，有了群体生活就是社会人了，就要知道这个社会是分层级的，每一个人都有自己的位置。只要有三个人就有排头人和排尾人，就得有带领者有人跟着走。这个时候，家长就应该教给孩子基本的礼仪规则，比如见到不同的人如何恰如其分地喊人、打招呼。过度热情就是奉承，热情不够就会显得孤傲。这个分寸怎么掌握？要在社会生活当中慢慢养成，就是

老人常说的会看眉眼高低。

如果小时候没有把这些礼仪融入到日常行为当中，没有变成生活习惯，那么长大后就会碰很多壁。当孩子意识到这些后，自己去修正，有可能会成功，但这个过程会很紧张。

现在很多年轻人都崇尚自由、我行我素的行为模式，但进入职场，对领导要有礼貌，对同事要主动接近，于是他很紧张，因为把他原来的生活模式改变了。他回家以后越发坐没坐样、站没站样，这其实是一种宣泄。很多年轻人跟我说，我脑子不累，但是心累；工作没有给他很大压力，但是小时候家里的要求和成年后的社会要求拧巴了；家长教育的是一个快乐的小动物，一个比较散漫的人，但成年后他要进入的是一个充满规矩和纪律的文明环境——所以心累。

当一个人从小把礼仪、规矩变成自己的行为习惯后，他的适应能力就会比较强。一个人不管从事什么职业，只要在社会上生活就要跟其他人有交集，学会和其他人打交道，基本的礼仪和规矩就是必需的。

用鼓励的笑脸让孩子切实体会到礼仪的好处

小孩心里没有礼仪的概念，不懂得见了面叫“阿姨”是一种礼仪。在他的世界里语言只是工具，叫人是因为有需求，一是希望别人在意他，二是他对别人有所求。比如叫“舅舅”，那是想让舅舅给他买玩具；叫“妈妈”，是希望妈妈能陪他玩。

所以，要让孩子学会基本礼仪，比如见面打招呼，那就得让他尝到好处。

小孩子的逻辑就是这样，他看得见的就有，看不见的就没有。你告诉他，跟人打招呼代表对人家的尊重，他会问：“什么叫尊重，我为什么要尊重他？”我尊重别人，别人将来也尊重我，这是成年人的想法，孩子想不出来，你得给他实实在在的东西——笑脸、鼓励。

如果孩子特别热情地叫了“叔叔”，但对方回应很冷淡，孩子就会觉得自己的热情掉地上了。如果每次得到的都是负面的回应，以后你怎么让他叫他都不会叫了——谁都不希望自己做一件事后，被别人打了一个零分或负分。在孩子小的时候，只要他喊人，对方就应该高声地以饱满的热情回应他。如果他没叫，那就要有相应的惩罚——不跟他玩，家庭其他成员也不理睬他。小孩子两岁进入社会，4 岁会有一种团队的归属感。如果被群体孤立了，这种孤独感是他绝对受不了的。

有了这样一个明显的态度反差，他就会知道——叫人会得到一个笑脸，会受到欢迎，会有人陪着玩，总之会得到点什么。他养成这个习惯以后，每到一个新环境就会很自然地去招呼别人。

如果孩子怎么鼓励都不爱叫人，你也不用太过紧张。家长就是孩子最好的老师。只要你自己能在待人接物上做得有理有节，孩子自然能在潜移默化中习得这一切。

有时，孩子不爱搭理人是不愿意打断手头工作

我那 3 岁的孙子有一次不接他妈妈从国外打来的电话。其实他不是跟他妈

关系不好，两人见面的时候也是非常亲密的。关键是他正在叠飞机，现在接妈妈的电话耽误他叠飞机。我使劲劝他，但他不理解从国外打来的电话跟从旁边屋里打来的电话有什么区别。在我不懈地努力劝说下，他好不容易接了，第一句话："妈妈你好！"然后我教他："快说'妈妈我想你'。"他很冷淡地重复了一遍"妈妈我想你"，接着就说："妈妈你挂了吧"。

他妈妈回国后我们聊起那次电话，她说："听见孩子说'妈妈我想你的时候'，感情一下子就爆发出来了，但感情还没到高潮呢，就听见孩子说'妈妈你挂了吧'，像一壶水正要开呢，马上一瓢冷水浇上来了。"但在孩子看来，这个电话打得实在不是时候，因为——"我在叠飞机，你非要我接电话"。

所以这种时候，咱们不妨心平气和地接受"不爱搭理人的孩子"。

很多时候是家长造成了孩子的"不懂礼"

现在很多孩子喊人都需要家长指示。比如客人到家里来，他会依然低头干自己的事情，非得家长指示说"喊阿姨"，孩子才会很敷衍地喊"阿姨"——都成为一种模式了。造成这种现象家长要负相当大一部分责任。

咱们中国的礼仪：起床第一眼看见父母应该喊；出门要跟家长请示，不管是出去玩还是上学；回家第一件事肯定也是叫"妈"，那一个字就代表"我回来了"，妈妈心里也踏实了。所以这种叫人是不带要求的，其实就是一种报告。有的家长自己没有这样的习惯，所以也给孩子造成了混乱。早上起来，孩子喊"妈"，家长立刻就问"什么事"。这个反应让孩子觉得很突兀，久而久之他觉得只要是喊人就是有要求的，既然没有要求，那也就不需要喊人了。

想让孩子在任何一个环境中行为大方、举止得体，首先在家庭环境中父母和孩子的关系就应该得体。现在的家庭大部分都是独生子女，孩子是老大，父母就是服务员的角色，孩子一叫父母就是有事，父母的表情就是服务员来领任务的表情。这样的家庭来了客人，孩子肯定不会招呼人。为什么？孩子心想，我平时喊人都像喊服务员一样，为什么非要恭敬地跟客人打招呼呢？他搞不清楚分寸，心里其实是很不愉悦、不舒服的。

所以，平常对待孩子这种请示报告类的称呼，家长就要处理好。孩子一进门喊声“妈”，妈妈有个呼应就可以了，让孩子跟人打招呼就像吃饭喝水一样自然。孩子学会了这些，以后在社交场合也会做得比较轻松、得体。

6. 直接后果法，孩子学习规矩的有力利器

当前我们国家也非常需要来这样的一场“食育”运动，现在的孩子饮食习惯不好的太多了。追着喂饭的，挑食偏食的，边吃饭边看电视的，比比皆是，吃饭成了许多父母的难题。如果你能好好利用直接后果法，也能从根子上纠正孩子不良的饮食习惯。

直接后果法就是把“板子”直接“打”在孩子身上

当孩子有了自己的意识后，就会有他的要求，这是孩子成长的标志。通常我们会按照他的要求尽量创造条件满足他；如果我们创造不出来，比如非要让太阳从西边出来，那么就直接告诉他“不行”，把直接后果告诉他，让“板子”直接“打”在他身上。

我孩子小时候我就经常用这个办法。记得有一年冬天，外面正刮着大风，他非要出去玩。我当然不同意，可孩子不理解，他觉得自己可以忍受寒冷，他不知道冷过之后可能感冒、可能得肺炎。我不让他出去，他就哭。不能让他往死里哭啊，我就给他使劲包啊裹啊。我妈见了，就说：“别包，就让他冷着出

去。”于是，我就抱着穿着居家服的孩子去开门。结果一拉门，寒风迎面吹来，孩子一扭头就趴我肩膀上往回拽我了，他不要求出门玩了。

孩子猛地被冷风刺激一下是不会感冒的，但这能让他真真切切地感受到寒冷的程度是自己没有办法承受的，妈妈说的话是对的。如果出门前我给他一层又一层地包裹好，那就达不到这个效果了。孩子穿得多，在寒风中也不会感觉特别冷，于是他会依然认为自己是对的，妈妈是错的，他也不会意识到这个“不冷”是在妈妈给他添加了衣服的前提下。

所以直接后果法是要给孩子一个直接的后果，并且这个后果一定要剧烈到让他承受不了。利用这个办法，我们可以督促孩子学会很多的规则，比如孩子的食育，比如纠正孩子一些不好的行为。

直接后果法实现食育目标

日本人非常重视食育，2005年他们还专门颁布了《食育基本法》，把食育作为一项国民运动，在全国范围内普及和推广。什么是食育呢？就是教给孩子食物、营养的相关知识，教育孩子从小养成良好的饮食习惯，并由此提高孩子的艺术想象力，丰富孩子的人生观，从而实现“通过食育，培养国民终生健康的身心和丰富的人性”这一目的。

当前我们国家也非常需要来一场这样的“食育”运动，现在的孩子饮食习惯不好的太多了。追着喂饭的，挑食偏食的，边吃饭边看电视的，比比皆是，吃饭成了许多父母的难题。如果我们好好利用直接后果法，也能从根子上纠正孩子不良的饮食习惯。

比如那些不爱吃饭的孩子，吃饭的时候你把他的饭盛好放在餐桌上，你假设他会吃，他不吃你也别劝他吃，就晾着他。等到大家都吃完了，你可以说“哦，原来你肚子不饿啊，那好，咱们就不吃了”，然后把饭桌上的东西收拾干净，把家里所有吃的东西都收拾干净，让他找不到东西吃。咱们大人一般能饿6个小时，如果是中午12点吃饭，晚上6点你就会饿了。如果晚饭不吃，到夜里12点肯定会饿得受不了。小孩子要是6个小时不吃东西那就更不得了了。所以这6个小时你得什么都不让他吃。如果你中途给他吃点面包或饼干那就完了，他虽然有一点点饿，但还是能忍受，达不到惩罚的效果。下次吃饭他还那样，好吃就吃一点，不好吃就一点不吃，反正一会儿还有零食可以垫一垫肚子，长久这样肠胃功能肯定失调。所以如果孩子总不好好吃饭，那么“饥饿”就是最直接的后果，一次饿透了，他就知道“饿”是什么滋味了。有些家长担心这么做会饿坏孩子。其实，健康的孩子饿一次是不会有什么大碍的。

我的侄子，小时候就不爱吃饭，我们就是用这个办法让他改掉了这个坏习惯。有一次他又不吃饭了，我们就默认他是不想吃，我们尊重他的选择。我们吃完就收了餐，别的东西也没有，他只能喝白水。到了晚饭时间也不叫他，大伙吃饭也不理他，结果他自己倒乖乖地蹭到饭桌跟前来吃了。事后我们问他饿是什么滋味，他说“够呛”。此后每次吃饭他都老老实实，现在都三十多岁了，长得特别壮实，吃饭也少有胃口不好的时候。

还有一种孩子，不喂就不吃。面对这种孩子，我们也得想办法。让你喂，你说“行，等我有工夫就来喂你”，然后让孩子在那儿坐着等吧。孩子吃完饭肯定安排了自己喜欢的活动，这时候就把这些活动全部顺延。比如约定去北海公园的，孩子等得不耐烦时肯定会问："咱们什么时候去北海啊？"你就说："等你吃完了就去啊。"为了避免太晚去不了北海公园，孩子就不得不自觉吃饭了。

老话说了，"民以食为天"，吃饭香的人幸福感都比不爱吃饭的人高一些。我们提升孩子感知幸福的能力，不妨从培养他良好的饮食习惯开始。

直接后果法掐掉不合理要求

有的孩子在幼儿园或学校还好，是个受老师同学欢迎的规矩孩子，但一回家就完全无法无天了。确实，幼儿园和学校有自己的规矩，家庭是放松的地方。但放松不是没有规矩，该做的事情还得做，该遵守的规则还得遵守。

有的孩子你不给他穿衣服他就不起床，这时候你就得给他设置一个直接后果。当然，这之前你得知道他怕什么。比如周末全家出游，可孩子磨磨蹭蹭地不肯自己起床穿衣服，你可以很平静地告诉孩子："你要是不起床就取消出游计划，在赖床和玩之间你选择一个。"只要孩子喜欢出游，肯定会一骨碌爬起来穿衣服。

我儿子小时候跟他姥姥最好，他姥姥回家去不带他这是他最怕的事情。怎么就表示他姥姥要走了呢？过去有一种尼龙网兜，里面放一个老花镜、一把梳头的篦子——这就是姥姥的标志。如果姥姥一边拿起这个网兜一边说："我可要走了，我可跟你生不了气了。"一见这个，我儿子就会急着说："姥姥我不气人了。"

我们得给孩子设计一个他最害怕的结果去约束他，这种约束最简单也最有效。

7. 延迟满足，培养孩子的自制力

延迟满足本质上是一种自律、自控行为，孩子小的时候自我管理能力还是非常有限的，还需要我们来帮助孩子实现。

愿意等待的孩子更容易成功

都说“三岁看大，七岁看老”，从哪些地方可以预测孩子长大后的样子呢？如果你细心观察身边的孩子就会发现，有的孩子能够耐心等待自己想要的东西，而有的孩子想要什么立刻就要得到，一分钟都不愿意等。我要说，愿意等待的孩子更容易获得学业上和事业上的成功，因为他们拥有成功必须的一项重要品质——自制力，而自制力则来自于小时候的“延迟满足”。

什么是延迟满足？很简单，就是能够等待自己需要的东西到来，而不是想到什么就要什么。为什么能够延迟满足的孩子长大后会有更大的成就？下面讲一个很有名的实验。

实验者给一群4岁的孩子每人一颗糖，同时告诉孩子们：如果马上吃，就只能吃这一颗糖；如果能够等20分钟后再吃的话，就再给一颗糖，能吃两颗糖。

有 1/3 的孩子等实验者一走立刻就把糖吃了，剩下的孩子耐心等了 20 分钟后得到了两颗糖。之后的几十年间，实验者持续跟踪观察这些参加实验的孩子，发现那些为了得到两颗糖而忍受 20 分钟的孩子学习成绩更好，事业也更成功。这个实验就是著名的“延迟满足”实验。

很显然，能够延迟满足的孩子，为了一种更有价值的长远结果（吃两颗糖），主动放弃眼前的小利益（吃一颗糖），能够对自我进行有效调节以成功适应社会规则，即多等 20 分钟。他们自我控制能力更强，即使没有外界监督，他们也能够控制、调节自己的行为，克制自己的冲动和抵御外界诱惑，坚持下去，以保证大目标的实现。

从小培养孩子延迟满足

延迟满足并不是一种天生的能力，只要我们多加留意，就可以在点滴生活中培养孩子的这种能力。

很多小孩子上幼儿园会不太高兴，毕竟不像家里那么自由。为了让孩子早上顺利离开家去幼儿园，很多家长会许诺晚上带着孩子爱吃的零食来接他，这其实就是对孩子的延迟满足训练。因为孩子要在幼儿园等上一整天才能吃上想要的零食。

接孩子回家的路上，有心的家长也会努力强化这种延迟满足训练。我的一个晚辈有一个 3 岁的小男孩。有一段时间，他去幼儿园接孩子的时候总会给孩子带棒棒糖，一段时间后，孩子见到他都不理他而是直接去找棒棒糖。他觉得这样有问题，于是把棒棒糖放在家里，跟孩子商量：“今天我把棒棒糖忘在家里了，咱们到了家就可以吃了。”孩子虽然有些不高兴，但也没有办法，只能接受了这个现实。渐渐地，孩子习惯了回家才能吃棒棒糖——孩子的等待又被延长了。现在，这个孩子4岁了，他能拿着自己爱喝的牛奶两个小时不喝，一直等到回家就着美味的蛋糕一起喝——我觉得这个孩子以后上学、工作肯定没问题。

不能延迟满足的孩子，小时候还不明显，但上学后问题就会凸显出来。放学回家，他会先干自己想干的事情，比如看动画片，玩游戏，然后在家长的催促下才会不情不愿地写作业。等到初中毕业家长让他上高中，他可能就要上技校。家长问：“为什么上技校？你喜欢哪个专业，将来干什么？”他会说：“没什么喜欢的，技校毕业快，学习结束得早。”不管面对任何事情，他已经形成了一种习惯或常态，怎么做能满足眼前的舒服他就会怎么做，而很少考虑更长远的价值。

训练孩子延迟满足要注意三点

有的父母总担心委屈了孩子，孩子要什么立刻就满足，可这并不是正确的疼爱孩子的方法。为了孩子，我们反而应该多让孩子学会等一等。

第一，等待从一两分钟开始。我们老话讲，“活要一点一点地干，饭要一口一口地吃”，孩子的延迟满足训练也要遵循小步递进这个原则。一个从来不愿意等待的孩子，你让他等你20分钟去买玩具，也许会又哭又闹；但你让他安安静静地等你两分钟，这个目标还是容易实现的。

训练刚开始的时候，说等两分钟就不要一再延迟，否则孩子会灰心丧气，对你产生不信任感。但你可以让孩子慢慢增加等待的时间，第一次两分钟，第二次等三分钟，第三次试试等五分钟……有意识地让孩子等待的时间慢慢变长。

第二，帮助孩子度过等待时间。延迟满足本质上是一种自律、自控行为，孩子小的时候自我管理能力还是非常有限的，这需要我们来帮助孩子实现。比如，在等待的中途，发现孩子难以坚持了，我们可以用一些他喜欢的东西来转移注意力。这样做也是在教给孩子顺利度过等待时间的方法。等到孩子掌握了正确的方法，我们就不需要监督孩子了。在孩子等待的时候，我们可以做自己的事情，也不要过分关注他，让他自然而然地学会延迟满足的能力。

第三，灵活运用奖励式鼓励。等到孩子年龄稍大一些，我们可以和孩子进行约定，用奖励来鼓励孩子提高延迟满足能力。比如，孩子能够延迟一周买想要的玩具或者想吃的美食，这时候我们就可以奖励他一朵小红花；等到孩子攒够五朵小红花，他就可以用这些小红花换一次满足愿望的机会，比如买玩具或者看动画片等等。而孩子攒小红花的过程又是一次延迟满足的训练。

当然，我们跟孩子的约定要符合孩子的能力，如果提的要求都是孩子难以达到的，那也失去约定的意义了。比如我的一个老朋友，他是一位老军人，儿子很小的时候就送进了军队的运动队。他儿子刚进运动队的时候没什么动力，也没什么上进的目标。他希望儿子能在队里取得成绩，最好能拿回第一，但是他给儿子提要求时，却不直接要求他拿第一：“上个月我去部队给大家发奖，那奖状特别好看，明年你也拿个名次，给我也弄一个啊。”他儿子就下定决心要给老爸弄个奖状看看。后来比赛的时候他果然拿到奖状了，第五名。于是我朋友对儿子说：“第五不错。你说那些奖牌是真金白银吗？如果是真的，能打多少的戒指手镯啊。”于是儿子第二年的目标就是搞清楚奖牌是不是真的金子和银子。第二年，他果然拿到了金牌。金牌一到手他立刻给爸爸打电话：“爸爸，这不是真的金子，是假的。”你看我这朋友，并没有一上来让儿子奔着金牌去，的确，给孩子定的目标一定不能离他的生活太远，孩子踮踮脚能够到的，才是孩子愿意去追求的。

8. 你误解“穷养儿，富养女”了吗？

很多父母没有深入了解“穷养儿富养女”的社会背景，只是一味在物质上强调男孩女孩不同的养育模式，其实是不妥当的。

“穷养儿，富养女”不能忽视社会背景

现在流行一句话，叫“穷养儿，富养女”，这其实是一条古训。为什么古人会这样说，其中是有一定社会背景的。

以前男主外女主内，男孩子是要攥着拳头去奋斗的，是要打天下的，所以必须自立自强，要能知晓世间疾苦。否则，就可能像历史上的痴呆皇帝晋惠帝一样，天下动乱，百姓没有食物吃，他竟然问：“何不食肉糜？”（为什么不吃肉粥啊？）所以，古人觉得养男孩就要锻炼孩子的意志力，让他切身感受到什么是“穷困”，什么是“艰苦”，从而光宗耀祖，风雨来临时也能守护家族，不被打倒。

过去的女孩子不需要外出拼搏，她的唯一出路就是嫁人，她的工作就在家庭里面。但是，她的工作也是非常重要的，尤其是上层社会的女孩子，要求她

能社交，会理财，对上层社会的事情要有全面的了解。可以参照的模板就是《红楼梦》中描写的贾府的生活。贾府里面儿媳妇王熙凤当家，婆婆王夫人退休了。王熙凤是总经理，但她没有决策权，她只管常规事物，比如该收租子了，过年给别人送多少礼，给下人发月例钱，都是按规矩办的事。大事还得问王夫人，一般的事情王熙凤都会都向王夫人汇报。但王夫人也不是董事长，董事长是奶奶贾母，凡是有大事发生贾母就会出场，婚丧嫁娶，还有关于元春的事情——如果仔细看《红楼梦》就会发现，只要关系到元春，贾母每次都出场。

为什么儿媳妇管这些事情，因为儿媳妇都是十八九岁，还没有阅历，没有人脉。所以王熙凤负责的是家里面的俗事，谁过生日啊，安排几桌饭啊，标准是几两银子啊，都是日常管理。而王夫人的工作就相当于我们国家的外交部，她的任务是稳定家族的社会地位，开拓人脉，这对于贾府来说是政治任务。所以每讲到谁家办满月、谁家有丧事的时候，王夫人就出现了。她需要收集各方面的信息和情报，为家族的稳定和发展提供参考。要培养像王熙凤、王夫人、贾母这样的女子，就必须懂服装、懂化妆、懂礼仪，所以得富养。

现在社会男女平等，女人也出去上班，如果男孩和女孩培养方向不一样，将来怎么在同一个职场上打拼、竞争呢？我们很多的父母没有深入了解“穷养儿，富养女”，只是一味强调男孩女孩不同的养育模式，我认为并不妥当。“穷养”不是要培养“吝啬鬼”，而是要强调艰苦奋斗的精神；“富养”也不是要培养消费动物，而是要培养孩子驾驭高品位生活的能力，所谓“仓廪实而知礼节，衣食足而知荣辱”的意思。

“富养女”养出寄生虫

在门诊中我遇到过一个女孩，她家是北京郊区农村的，小学时候家里拆迁分了很多房子，于是这个女孩子就被“富养”起来了。家长认为：第一，女孩子要富养；第二，是独生女就更得富养；第三，我们家有钱，那就必须富养。这孩子长得也很漂亮，小时候学习好，但初中不知道什么原因成绩突然就下来了。她来就诊的原因是：不愿意上学。

为什么不愿上学，因为写作业太苦了，学校又不让妈妈陪读。我说：“你不去上学了，是恨老师，恨学校，还是恨功课？”她说：“恨功课。”我就跟她说：“你说念书苦，那到底苦到什么程度呢？你每天写作业到几点？”她说：“九点。”我们都是从学生时代过来的，写作业到九点那是太平常的事情了。于是我试图激励她说，学习本身就是一件很苦的事情，但如果咬一咬牙，感受到学习的乐趣了，就能以苦作乐了。更何况，人这一辈子其实都离不开考试，比如大学里，讲师升副教授要考试，副教授升正教授还是要考试的。可她还是说太苦了，而且离不开妈妈，跟妈妈几乎形影不离。后来我还了解到，她父母曾经把她送到一所贵族学校，但还是以退学告终，女孩的理由是：妈妈没法陪读。

“穷养儿，富养女”，不只是物质上的，更应该是精神上的。给孩子好吃好喝的，那不是“富养”，孩子需要成长。我跟这个女孩的家长沟通：“现在要激励她，让她的能力充分发挥，她就会得到社会认可，由此她会产生成就感，会努力学习。”但是她父母认为自己的孩子足够聪明能够考重点中学，不需要特别努力。我想，这孩子也许曾经希望努力做点什么，却从来没有得到过来自父母的肯定和支持。这么一想，我不禁心生怜悯，孩子的快乐很简单，做成一个橡皮泥作品，扮了一回公主，或者互相讲了一些成人听不懂的笑话，他们都能傻乐半天，而这对父母却很少让她体会到“努力获得”的快乐，把“快乐”和“富有”完全画上了等号。如果人生的唯一目的是金钱的话,那么那些含着“金钥匙”出生的孩子是不是从一出生就注定无法过上“有意义”的生活呢?

“富养女”养出消费动物

门诊里我还遇到过一个富养出的“问题少女”，只有十三岁半，却喜欢上了一个五十多岁的男人。来门诊的时候，女孩的思路特别清晰。

女孩说:“我找一个和我年龄相仿的我得奋斗，他虽然年龄大点，但是有房、有车、有钱，我就可以不用奋斗了。如果我找一个年龄相仿的，奋斗二十年也就是这个样子，那还得奋斗好了。但是我找他前景是有把握的，是看得到的、摸得着的，如果我找一帅哥前景却是虚无的。”

我说:“但再过二十年你才三十多，他可就七十多了。”

女孩不屑地说:“对啊，但有了钱什么事情干不了呢？到时我一个三十多岁的有钱少妇完全可以找一个二十来岁的年轻帅小伙子啊。”

这个女孩父母都是工薪阶层，一直遵循“富养女”的原则，对女儿的任何物质要求都是有求必应。为了让孩子能有个好的生长环境，他们贷款在一个中高档的小区买了一套小两居的房子，孩子也明白了这个小区的住户大多比自己家有钱。有一天，当这个五十多岁的男人开着宝马 X5 路过时，孩子就下决心结交这个男人了。

她看到的现实生活告诉她，如果她跟其他人一样，找一个年龄相仿的伴侣一起奋斗，这条路太辛苦。她要走捷径，找一个有钱的，一结婚就可以立即享受荣华富贵、当家做主，立即成为一个主宰这个富裕家庭的家庭妇女，毫无顾忌地挥霍人家的金钱，这可能是人家上一辈或者这一辈积攒的经济财富——这显然种是掠夺行为，她的目的不是婚姻、不是感情，而是掠夺人家的财富。

人家能够积攒那么多的财富会是傻子吗？但凡能嫁入豪门，都是能够承担家庭职责的。比如《红楼梦》里的凤姐，她是家里的管家，就必须承担这个职责。如果凤姐没有能力履行这份职责，后果是很严重的。荣国府里贾赦的老婆邢夫人是大房，贾政的老婆王夫人是二房，过去的大家族里是很重视长房长孙的，但实际上却是王夫人当家。整部《红楼梦》中，邢夫人没有一处是能做决定的，她始终处于一个不尴不尬的位置。在贾母的眼里，除了端饭有她一份，盛汤有她一份，剩下的什么有她的份啊？为什么她身处一个这样重要的位置却没有一点话语权？主要是因为她没有驾驭这个位置的能力啊。其实，这就是咱们老祖宗说的“德不配位”。

我给这个十三岁的女孩讲完《红楼梦》里的这一段又问她：“一个十三岁的孩子嫁入人家家里，肯定也是一个不尴不尬的位置，可能直接就被打入冷宫了。你年轻不懂这些社会规则，你以为嫁入这个有钱的家族，进去就是太平天国了，但人家家里是有一定的规则的。现在你看他有房有车有钱，但是他的房是写在谁的名字下的？”

小姑娘听着沉默了起来。但这件事情的结局更加不堪，那个男人最后根本就不出面了，居然让老婆出来和女孩及她家人谈事。

“富养女”，养的是内涵和品位

我们的家长在“富养女”的时候总喜欢讲杨澜成长过程中的一件事：刚领了工资的舅舅带着三四岁的杨澜去上海最高级的红房子餐厅吃西餐，舅舅的理由是：“女孩子就要见世面，不然将来一块蛋糕就把她哄走了。”于是认为富养的女孩子不会虚荣，会摆脱物质的束缚，更专注于内心的需求。其实，如果一味只是满足孩子物质上的需求，不提供精神滋养，反而会适得其反。

就拿上面讲到的两个“富养”女孩的家长和杨澜的舅舅做比较，他们的出发点显然是不一样的。“富养”女孩的父母并没有理解“富养”的深意，以为就是在物质上满足孩子。而杨澜舅舅的教养逻辑则是“好东西是好，你也体会过了”，或者“好的物质也就这样了”，那么以后你就不会“心为物役”，被一些简单的、肤浅的物质迷惑了双眼，所以自然也就不会“被一块蛋糕哄走了”。

那么，“富养女”到底是在养什么？首先，“富养女”养的是文化内涵，养的是生活的品位。如果家庭条件允许，家长可以带着孩子多游历，开阔她的视野，增加她的见闻。所谓见多识广，见识多了自然阅世能力也会提高。

其次，多读书。所谓“腹有诗书气自华”，读书多的人见解不会太差，书籍会培养人独立思考，这样她就能分辨什么是真正值得追求的东西。

最后，最重要的一点是，做父母的用什么样的心态来面对财富。如果自己是一个视金钱为人生最重要目标的人，那么，你就不要奢望孩子能成为精神上的贵族。

当代社会男女平等，虽然有性别差异，但男孩女孩要在一个平台上竞争，都不用等到进入职场，上学时竞争就开始了，所以太多强调男女性别差异我觉得意义不大。无论是养男孩还是女孩，我们都不能一味在物质上满足，更应该从精神上滋养，提高孩子的生活品位，培养孩子独立思考的能力，这才是让孩子受益一生的教育。

Chapter 2

与其贴标签，不如找根源

“带孩子”和“哄孩子”不一样：哄孩子只要让孩子不闹就行了；而带孩子，家长脑子里需要有一个科学的理念，指引孩子做事情或者带他玩时，有个大致的主题，知道什么能促进其健康成长，什么是诱发他出问题的缘由，这样才能带好孩子。

1. 好动不等于多动症，注意力是关键

孩子坐不住，不遵守课堂纪律，必定老挨批评，这对孩子的发展显然是不好的。所以，注意力维持时间的长短一定要训练。怎样培养孩子注意力的维持时间呢？通过主题游戏。

孩子好动不等于多动症

很多大人会对那些坐不住的小孩说："你这么好动是不是有多动症啊？"其实，多动症是通俗的说法，在医学上，它有专门名称，叫脑微小病变综合征。听这名字就知道，多动症的孩子会表现为学习困难，注意力不集中，自控能力差。有多动症的孩子很难认真上课，别人都安安静静地听课，他却在座位上扭来扭去；他也很难专注地写作业，窗前飞来一只鸟，妈妈打碎了一个碗，他都听得真真切切……

但并不是说孩子好动就是多动症。咱们老百姓有句俗话："聪明的男孩出淘的，聪明的女孩出巧的。"意思就说小孩太呆了不好，要有创意。那么多动症和淘气、聪明怎么区分？

其实多动症是有这样几个特点的：一是动作多且乱，二是所有活动都不在一个主旋律上，不在一个思维系统上。比如一个小孩进了屋子，他翻来翻去，抽屉都拉开了，里面的东西也都翻出来了，一会儿又把簸箕也拿起来了……他在不断地换他的活动内容。如果把他一个小时的活动归纳起来，他都干了什么，你找不出关键词来，找不出主题来。还是这个孩子，他说玩积木，但积木刚散开，他就跑去玩水去了；如果让他用小勺搅水玩，可能水盆刚准备好，他拿着书要讲故事了……他的所有活动不在一个主题上，也找不出他的思维逻辑性。这就是多动症。

反过来说，动作多，动作乱，但是只要其中有主题、有逻辑，那就不是多动症。比如一个二三年级的孩子把家里翻得乱七八糟，箱子开了，柜子也开了，东西都摊在床上，他在那里闹腾，这是不是多动症？你不要着急下定论，先问问他干的是什么活动。孩子的回答是明天他们要开联欢会，他要找出妈妈的裙子给班上女生穿。虽然他的动作也多且乱，但他所有的活动是有一个主题、一个目标的，那就不是多动症。

判断孩子是不是多动症的核心是动作是不是多而乱，有没有一个明确的主题。如果孩子行为动作多并且也没有主题，没有办法长时间地把注意力集中在一件事上，一会儿注意力就跑到另外的事情上了，那他有可能是多动症。这时候就需要家长带孩子去专业医疗机构进行诊断治疗了。

培养孩子注意力重过认字识数

过去的家长只关心孩子吃好喝好，长个健康，现在的家长会更多地关心孩子的心理发育和智力发育，这是好现象。但是，也还存在一些误区。比如很多家长都炫耀孩子会背多少唐诗，会认多少字，其实这些没多大意义。两岁的小孩子能认字，没什么大不了。因为小孩子认字是图谱式的，他认识“中国”两个字和认识他妈和他舅舅是一个道理。

为什么他一眼能认出这是妈妈，为什么他不会把妈妈和舅舅搞混淆？因为在他的脑海里有一个妈妈的图谱，也有一个舅舅的图谱，看到妈妈就自动检索脑海里的图谱，“啪”和脑海里妈妈的图谱对上了，他就知道这是我妈。看到舅舅也会自动检索脑海里的图谱。孩子有这个能力,你让他认字真是太简单了。

很多家长都被误导了，以为孩子会认字了，还特别骄傲，到处去炫耀，就好像要出神童了，其实这只是幼儿时期孩子认识世界的方式。所以孩子小的时候没有必要在知识上纠结，关键是他要会管理自己的注意力。

注意力由四个维度构成，一是注意力的维持时间，二是注意力的广度，三是注意力的专注度，四是注意力的转移。下面我们从这几方面入手，来谈谈如何提升孩子的注意力。

用主题游戏来延长孩子注意力的维持时间

小孩注意力维持的时间是随着年龄的增长而增长的，到了 6 岁，注意力专注于一件事情至少会维持 8 分钟，这是及格线。如果注意力维持的时间不够，将来他在课堂上根本没法听课。如果十几岁的孩子注意力只能维持 10 分钟，而一节课是 40 分钟，那他只有 10 分钟是在学习，其余的 30 分钟只能给别人当伴读生了。孩子坐不住，不遵守课堂纪律，必定老挨批评，老挨同学的白眼，那他等于到学校去，交了学费，赚回来的是自卑。所以，注意力维持时间的长短一定要训练。

怎样培养孩子注意力的维持时间呢？最好的方法是主题游戏。你带小孩玩的时候，就得让小孩知道他玩的是什么，就跟上课一样，老师说今天我们要讲第一课《春雨》，你得把这个主题说出来。这样孩子就知道今天的活动有一个主题，根据这个主题他的脑袋就开始提取文件了。一个有目标的家长，带孩子你得想到，我要把孩子带成什么样，你要带领着，就得在孩子前面走。因为孩子是玩，所以第一是陪孩子玩。第二，要保证孩子安全。第三，你的脑子里老得想着我的教材是什么。如果带孩子玩，你都没有主题，就带着孩子东跑西转，那孩子更是没有头绪了。

我们要让孩子多玩那种坚持一下就能达到的游戏，如果对象是活物，那就更好了。跟活的东西玩，就增加了不可预见性，有互动、有挑战。比如一岁左右的孩子，你可以让他去捞鱼。因为鱼是活的，人要捞鱼，鱼肯定是要逃脱的，孩子一去抓鱼，鱼就会跑，所以他总抓不上来。但是偶尔他自己或者通过家长帮助也能抓上来，如果老抓不上来，他就会玩得没意思了——能不能抓到鱼这件事是不可预计的，到什么时候能抓上来，这是谁也保证不了的。比如，冬天的鱼会游得很慢，小孩子空手就能抓上来，抓上来了，但是鱼很滑，所以又会掉下去，然后再抓，这里面有一个不可预见性，而且孩子得坚持坚持再坚持，这能很好地培养孩子的注意力。

如果是积木，搭好了就完了，后面就没有挑战性了，但跟活的鱼玩老有挑战性。随着水温的变化，鱼的活跃性也会变化，孩子就老处于那种能抓到鱼又抓不到鱼，但是经过努力又能抓到鱼的状态。他的注意力慢慢就坚持住了。

我们需要给孩子提供专注的环境

大家经常说“这孩子没听多长时间又跑神了”，实际上是说这个孩子的注意力维持的时间不够。另外还有一个是注意力的专注程度，这个专注程度就是指沉浸于某件事情有多深。当你专注于某件事程度很深的时候，不会很快就从里面出来，出来会有一个时间段。比如一个科研人员，也许他一辈子专注在一个问题上，他在工作时，如果你让孩子去叫他吃饭，他不会立马就出来，差不多得等十分钟。为什么？并不是他手头的事完不了，他得慢慢地把他的脑子从研究中转移出来。

有的孩子专注程度不深。比如他正写作业，突然会说“妈，壶开了”。他不写作业的时候是不会关注水壶开不开的，但一到写作业的时候家里大事小情，电视上说什么了，家里门响了，谁来了，他都关注起来了。这说明他专注于作业的程度不深。这个问题怎么解决？在他小的时候，我们就应该让他有“作业”的意识，即使两岁的时候在涂鸦也是在写作业，把他写“作业”的环境封闭起来，不能干扰他。比如他在那里涂鸦，家长千万别说“吃个苹果吧”，“喝口水吧”，我们就让他专心把那件事情完成。让他从小就有一个写作业的意识，写作业的环境必须严肃，态度得端正。他写作业的环境就相当于大夫的手术台，相当于法官的法庭。这个桌子上的吃的玩的用的，一律挪开；听个音乐，不可以；吃个水果，不可以；喝口水，不可以。如果你想吃香蕉、看漫画或者听音乐，可以，必须离开写作业的环境。慢慢地，他的专注程度就深了。等他上学了，注意力就能维持了。

环境对一个孩子的影响是很大的。如果家长不太注意这件事，导致孩子会很忙。比如他在涂鸦，等他坐不住了，赶紧给他一块苹果，或者给他喝口水，或者给点别的零食……结果就导致他注意力集中程度不高。对于小孩，如果你不故意塞给他吃的，他是不会主动吃的，因为吃饭也得专注。有的孩子不爱吃饭，跟吃饭时候的专注程度是有关系的。吃饭应该是食物中枢神经兴奋，鼻子也灵了，耳朵也灵了。他的心思应该放在饭好不好吃上，如果一边吃饭一边看电视，他的心思就会跑到电视节目上，饭在嘴里就没办法注意是什么味了。如果形成了这样的习惯，孩子这一辈子就没有享受美食的能力了。品尝能力好的人，吃一口炒米饭，他能说出 26 种滋味；但是有些孩子的味觉差到什么程度，吃肉包子，羊肉和猪肉都分不出来。

不要让孩子一个游戏玩一天

小孩的注意力广度很大，转移得也很快，所以我们通常把注意力训练都放在他的专注程度和维持时间上了。但现在我们发现注意力的转移也是个大问题。为什么呢？因为现在的小孩活动范围比较小，家庭大多只有一个孩子，给个玩具就让孩子自己玩，所以孩子的注意力往往都专注在一点上，这导致他的注意力不能随着环境的要求而转移。

比如你说咱们讲个故事，他说不行，得讲我说的那个故事。上学要求全体学生的注意力跟着老师的思路走，但是这种孩子总是想自己的事。这就麻烦了，学校教育是群体教育，老师是放羊的，他是带着一群羊走，不是跟着你一只羊跑。注意力转移不良的孩子适合个体教育。很多父母对我说，孩子在学校里面跟着老师听课，学习成绩不好，补课时候进步很快。一对一补课为什么效果好？一个原因是老师牵扯着孩子的注意力，如果孩子的注意力维持时间不够，老师会拉着他，他不能走神。另一个原因就是老师迁就孩子的注意力。其实孩子都很聪明，据统计，大部分成绩不好的孩子都不是因为智商的原因，恰恰几乎都是由于注意力出现了问题，没办法正常听课、写作业。因此，这类孩子接受群体教育效果不好，往往只能适应一对一的个体教育。

注意力转移怎么训练？小孩子的注意力还没有完全定型，还在发展过程中，我们只要有这个意识就好。如果我们发现孩子沉浸在一个游戏里面的时间太长了，就要把他拉出来，不要让他在一件事情里沉浸时间太长。一个游戏玩一下午，那就时间太长了。一两岁的孩子还不至于这样，但是我们得有这种意识。到孩子四五岁的时候，就不能让他来回来去想一个问题，我们得适时打断他。

有的家长觉得小孩特别爱问问题，这是好事，就会给孩子讲。但是讲的时候要注意，得浅一点，讲得太深孩子就该钻牛角尖了。因为他听不懂，所以就老想问。你可以用自圆其说的方法给他带过去就行。或者你干脆说“这个我也不知道”，让他知道这个世界上有很多大家都不知道的事情。小孩子对世界理解的逻辑是，这个世界上的事情我应该都知道，不知道就不正常。其实你可以让他明白，天下的事只能明白一点点，90% 都不明白才是正常。但孩子却觉得应该 100% 都明白，即使自己不明白的，家长也应该 100% 都明白，结果认真的家长反而带出一个爱钻牛角尖的孩子。

2. 孩子的任性需要区别对待

孩子的任性有时是事出有因的，我们要区别对待，有时候我们需要给他找出规矩的临界点，有时候我们就要给孩子一定的自主权和选择权，而当他无理取闹任性时，我们就要和他们斗智斗勇了。

孩子任性是因为没有掌握规矩的灵活性

前面我们讲过，小孩必须得有规矩，得按照规矩走。比如衣服脱下来得放在什么地方，玩具玩过之后自己要收进筐里。但是，如果在条件达不到的时候，还非要按照规矩走，那就没有掌握规矩的灵活性了。

比如在家里吃饭孩子得自己去拿自己的碗，这是规矩。当一家人到饭店吃饭，孩子非得自己去饭店的厨房拿自己的碗，如果这碗不是他自己拿来的，他这饭就吃着不痛快、不舒服，就闹脾气。有的家长认为孩子太任性，其实是孩子还没有能够掌握好规矩的灵活性。

要避免这种情况的发生，我们在制定规矩的时候就得找出一个临界点，告诉孩子规矩是规矩，但是当环境变了时，就得有一个权宜之计，就要有灵活性。比如上面这个例子，家长可以告诉孩子，在家里和幼儿园里需要自己拿自己的碗，而在饭店，碗筷等餐具都由服务员提供，不需要我们自己拿。家长要分析孩子任性背后的原因，找到原因后认真沟通，一般孩子是会乐于接受的。

孩子任性是因为处于心理逆反期

3 ~ 6 岁是孩子的自我意识萌发期，他的主观能动性越来越大，对家长的安排表现出越来越多的选择性。这个时候，遗传基因就告诉他，我就得跟你“谈判”。你说往东，他偏要往西；你叫他这样，他偏不这样。这个特别典型。我当着我 4 岁的儿子的面对他爸说：“这孩子甭管什么东西到嘴里就别想吐出来，到嘴里的就一定会咽下去。”话音还没落，儿子当时就把嘴里正吃的东西给吐出来了。老天爷就是这样给安排的。

但是逆反越强的孩子，创造力越强。因为他独立意识强，愿意去思考探索这个世界的边界，于是就会更勇敢，有闯劲，能求异，能创新。

在这个特殊时期，我们怎么处理呢？我们可以充分利用孩子的逆反心理来激发他们。比如孩子不想自己穿衣服，你可以说：“你不会穿衣服，是不是？”孩子不愿意吃青菜，你可以说：“你最不喜欢吃青菜，对不对？”在逆反心理的作用下，你的这些话反而可能达到你想要的效果。

当然，我们也要给予孩子一定的自主权和选择权，让他对自己的事发表意见，选择自己的处理办法。比如孩子希望穿蓝色的毛衣，你就没必要非要让他穿红色的。这些选择看似微不足道，但也能在不知不觉中增强孩子的自我意识和积极的自我认同感。

孩子任性是为了达成自己的无理要求

有的时候孩子任性哭闹就是为了达成自己的无理要求。比如无休止地看动画片，或者想要其他小朋友的玩具……经验告诉他，自己不能实现的想法，都可以借助父母的力量实现它，所以要把父母的力量拉过来。这就像阿基米德的杠杆原理，父母就是他的杠杆。如果这个杠杆不行动怎么办？孩子的办法就是哭，等到被哭烦了杠杆就会干活了。

我们怎么做呢？陪在他身边？不需要，这样你会心疼他，会被他的哭支配。有两个方法：第一，不要理睬他；第二，千万别生气。

我们都知道程咬金有“三板斧”，其实孩子也有“三板斧”：第一是哭，第二躺地下打滚，第三就是抱着你大腿让你什么也干不成。经验告诉他，这三招是非常管用的。第一招哭，父母会心疼他。第二招躺地下打滚，父母怕他着凉了，怕衣服弄脏了；要是在大街上打滚，父母又怕丢人。第三招抱大腿，这样父母什么事情都干不了，自然着急，想赶紧摆脱窘况。总的来说，孩子就是要牢牢抓住父母的注意力，利用父母的同情、关心甚至是烦躁情绪，达到自己的目的。

养育孩子就得了解他行为背后的心理动机。第一，我们不要心疼他，他哭到疲倦了自然就不哭了。如果你不陪着他，不心疼他，他会觉得这招不灵，他就该换招了。第二，我们千万不能生气。你得表示很淡漠，他哭他的，你该干什么还干什么，让他觉得这招不管用。当然，你可以偷偷关注他，但不要让他发现。任何表演都是需要观众的，如果观众不感兴趣，演员就没有情绪了，不一会儿他自己就会收场了。需要说明一下的是，这种处理方法是在孩子提出无理要求不被满足后继续哭闹的情况下采取的。但凡可以好好沟通的，都可以通过对话来解决。

让孩子学会接受不可抗力

生活中包含很多无奈，我们得让孩子们学会接受不可抗力。现在的孩子张口就是“不行”，他觉得父母的力量是无穷的。比如一块点心孩子咬了一口放在桌子上了，他妈妈以为孩子不想吃了，怕浪费就自己吃了，结果孩子不干了，哇哇大哭，非要那半块点心。妈妈说：“我再给你一块整的行吗？”可孩子就不行，非要原来放桌上的半块。妈妈都吃进肚子里了，也不能吐出来啊，这就是不可抗的，是不可能再逆转的事情。还有好多类似的事情，比如冰棍化了——不行；说好睡醒午觉去划船，结果一觉醒来天黑了，哪儿也去不成了——不行……在不可抗力面前，我们能做的，就是接受，孩子也应该从小明白这个道理。

有一次我和儿子计划好了睡完午觉就去北海划船，但是睡午觉的时候他老是要求讲故事，讲到 3 点才睡着，结果一觉睡到 6 点，天都黑了。我心想，这坏了，这回还不闹脾气？没想到我儿子睁开眼就说：“妈妈，咱们都傻眼了。”

我说："怎么了？"他说："天黑了！"这就说明他知道天黑了这是不可抗力，他说"咱们都傻眼了"——你也傻眼了，我也傻眼了，你也没办法，我也没办法——他已经接受了这种不可抗力。如果我儿子当时不能接受这种不可抗力怎么办？那就要展示给他看，在这件事情上，我也没有办法。天黑了你不要划船吗，那就走，把他带到北海，让他看看黑乎乎的水面。

如果小孩子觉得只要他说"不行"，家长就有办法解决，家长是个"东方不败"，任何事情家长都能干成，这是不尊重客观事实的。孩子这种不尊重现实的心理，可能会使其养成偏执的性格。所以，小孩要是真闹，你就"狠狠"地让他尝尝直接后果吧。

3. 教会孩子“选择”，这是人生大课题

小时候孩子选择错误，父母还可以帮着承担，但到了青春期，孩子必须面对很多重大选择的阶段。如果没有教给他一个选择方法，对不良后果他没有切身的体会和认识，就不会做出正确选择，到时候造成的后果也许是他承担不起的。

“你还没有这个呢”

孩子看见新鲜的东西就想买这是很自然的，成人也是这样，买了房子买了车子，但是看见别人的房子车子比自己的好，也还会想买。永远有更好的东西出现，所以女人总觉得衣橱里缺少一件衣服。但我们没办法拥有所有的东西，所以选择是人生的一个大课题。

很多时候，家长无意中说一句话就会对孩子的一生都产生影响。比如家长带孩子去买衣服买玩具，经常说的是“这个你有，别拿；那个你还没有呢”。潜台词其实在告诉孩子“你应该把所有的东西都买全了”。孩子会非常灵敏地接受这个信息，认为自己应该得到所有的东西，会无休止地要求拥有自己喜欢

的任何东西。比如有的孩子看到别人有什么就要什么，即使自己手里的东西比人家的强好几倍，他还是要人家的东西，也是因为家长这样的引导，让孩子误以为“世界上有的，我还没有，就应该归我所有”。

所以，我们得告诉孩子“这些东西当中你可以挑一个”，世界上的东西有千千万万，但你只能拥有你最喜欢的那一个。比如要玩具汽车，但只能在玩具汽车里面挑一个自己最中意的，只要一个，让他知道什么是“最”，两个就不叫“最”了。因为他只能选择一个，所以在这个过程中他投入了心思，他肯定也有过困惑，对到底该选哪个拿不定主意，但最终他必须清楚地说出想法和喜好，并做出选择。

我们不必每次带孩子出门都给他买东西，但我们得明确地告诉孩子，我们的条件是受限制的。比如两块橡皮泥，价格相差3块钱，孩子想要贵的，你希望孩子买便宜的。如果孩子年纪比较大，理解什么叫“便宜”，你要跟他讲你的理由，“同样的颜色，价格便宜3块钱”，让他有这个意识以后再去选择。如果孩子年纪比较小，根本不理解什么叫“便宜”，那我们可以找外力帮忙。你假装是孩子的同盟军，可以跟售货员商量：“我们想要这个，但是我们钱少，可以吗？”售货员会说：“钱少不可以，你们只能要另外一个。”这样孩子就会明白，有好多事也不是自己想选就可以的。

坚定立场，让孩子自己选择

有些小孩说我不要选择，两样东西都舍不得割舍，家长就说都买了吧。家长觉得自己让孩子高兴了很满足，避免了孩子心理上的纠结，实际上是错失了一次教给孩子选择的机会。都买了孩子就不用选择了，他少了一次心灵的磨炼，失去了一次成长的机会。他也不会认为买到的东西是最好的，是他最中意的。即使他同时买了两个三个，但当他看见别人的，他还是会要。因为别人的他还没占有呢，虽然只是"不错的"，但"不错的"他也要。最后就演变成只要他还没有的，他就必须拥有。

现在很多的成年人都面临选择的困惑，即不会选择。在心理门诊接诊的病案中，占很大的比例是"强迫症"。强迫症的核心症状有两个：一是过度追求完美；二是不会选择。有一个患者在抽屉里收藏了大量的铅笔，但只要看到自己没有的，他还要买。正常人的收藏是有标准的，即使是符合自己标准的，也要根据经济条件、专业人士评判等来决定是否要收藏，不会追求"全"。但强迫症的人不同，他就追求"全"。如果自己想要的铅笔没能放进自己的抽屉，他干什么都干不下去，天黑了，商店关门了，买不到了，他一宿睡不好觉。如果明天早上商店开门没有把铅笔买来，他都没有心思上班，甚至一个星期都会忐忑不安。究其原因，基本都是小时候追求完整、追求全部，没有学会选择的后果。

所以，即使孩子碰到两三样都非常喜欢的东西，他都不愿意割舍，但我们家长唯一要做的还是坚定立场，告诉他必须得放弃一个。

选择了就是自己最中意的，有了最中意的放弃其他的就不会后悔。懂得放弃才能学会选择，这是一个很大的人生课题。孩子犹豫就让他去犹豫，让他学会自己的跟自己斗争。我们既不能心软，一看见他难以抉择就都给他买了；也不能帮他选择，“我觉得这个贵一点的好”。想一想，你现在都给他买了，回头他看中了两套房子都想要，你能不能还是很豪气地全部都买了呢？两个专业都喜欢，能不能两个都学呢？“放弃”其实是伴随我们生命始终的呀。

如果孩子在众多物品当中选择了一个，那我们就要认同，说“好，就是它了”。大人的态度越坚定，孩子就越会觉得应该这样，选择之后就不会后悔了。

如果我们因为孩子喜欢两个东西难以割舍就让孩子放弃选择，不仅孩子不能学会选择和放弃，也会打破我们自己立下的规矩，让孩子以为我们立下的规矩都是好商量的。这样，孩子会经常把你逼到墙角，让你没有退路，最后只能打，所以，在我们抬手准备打孩子前，是否能先反省一下，到底是谁先坏了规矩？

学会选择，孩子才能安然度过青春期

孩子小的时候，即使不会选择，有家长兜底，很多事情也能顺利解决。比如夏天孩子买冰激凌，父母说只能吃一个，孩子说这两种口味我都想吃；即使孩子吃了两个冰激凌，出了问题顶多是拉稀，然后父母带他去医院治。孩子的这个错误父母可以弥补。

但什么事情都由家长来弥补的话，孩子就会义无反顾地往错误的方向走。尤其到了青春期，这个阶段是孩子必须面对很多重大选择的阶段。如果没有教给他一个选择方法，对不良后果没有切身的体会和认识，即使他想在重大问题上承担后果，恐怕也是承担不起的，这时候父母和孩子就完全对立起来了。

我们总觉得外国人的教育是民主化的教育，父母跟孩子的关系融洽宽松。其实，我们忽略了很重要的一点：他们从小就教会孩子自己选择，自己承担后果。我遇到过有美国孩子高三到中国来，住在中国的家庭中，他们会在中国学习一年或者半年汉语。考大学的时候如果学生掌握一门外国语言就会加分，会汉语加的分更高，如果会中国历史了，还会再加分。那些孩子每天上几节汉语课，放学回到中国家庭中，中国家庭对他们管得很松，并且中餐又好吃。半年结束，他们当中有的孩子就不想回去了，有点“乐不思蜀”的味道，给家长打电话说想再学一年。家长就会说，这个事情我知道了，但是你需要跟你的指导老师商量。指导老师会很严肃地对孩子说：“你想考重点大学你就按时回来，不想考重点大学就由你安排。你就自己决定吧。”把皮球又踢给了孩子。孩子一想这其中的利害关系，一般就乖乖回国了。他们能做出这样的决定，是跟他们父母长期的选择教育分不开的，试想一下，如果每次升学考试，他们家长都可以通过花钱、托人情把孩子托送到重点学校，他们还能做出正确选择吗？

所以，在一定程度上，选择比努力更重要。努力是战术方面的问题，而选择是战略性、方向性问题。孩子应该从小就培养选择能力，从小就学着对自己的人生负起责任。几乎我们看到的所有敢想敢干、敢于追求、懂得放弃、愿意付出的人，都是善于做选择的人。

4. 孩子是守财奴？培养孩子的物权意识

一开始孩子不懂交换。两个小孩在抢一个玩具的时候，这个玩具属于谁的，家长应给一个公平的判定，并把这个评定的方法教给孩子，让他掌握社会规则，也学会自我心理调节。

东西不许别人动？孩子有了“私有”概念

如果孩子不许别人动他的东西，我们不要急着给孩子贴上“自私”或者“守财奴”的标签，先看看孩子的年龄。

大约在一岁半到两岁之间，小孩开始有了自我的意识，有了“私有”的概念，开始有了“我”和别人的区分。原来他跟妈妈是一个整体，他分不出来，但从这时候开始，他明白我是我、你是你了，东西是有归属的，我的东西就是我的。当然，年龄是一个均值，有人早一点，有人晚一点，因人而异。

就像咱们刚学一个原理似的，刚学会就得按照这个原理去做。这东西是我的，那就只能由我使用。小孩特别怕这东西一旦被别人碰了就属于别人了，所以他会特别认真地维系这个原理，不让别人动自己的东西。他去玩沙子了，他的玩具在沙堆边放着，但只要有人动一下他的玩具，他马上就会回来护着它。

这是孩子刚学会的原理，家长应该鼓励他，不要大惊小怪地觉得孩子小心眼，觉得他一点也不大方。如果家长大惊小怪，反而刺激孩子把东西攥得更紧。

我们应该平淡地看待这件事情，要怀着一颗欣慰的心看待孩子的发展，一岁以内的孩子就不会紧张自己的玩具。一岁半到两岁的孩子不许别人动自己的东西；等到孩子再大一点，他带玩具出去玩，回来的时候玩具一件都不会落……这都是孩子必然的发展阶段。

孩子能自然学会分享，我们只需引导

有的家长觉得孩子特别仔细，出去玩玩具一个不落地收了回来，大人忘了他还会提醒大人。实际上这是孩子这个发展阶段的特点，并不能说他细心，只能说明他心里紧张，毕竟他刚有这么一个能力。

就像我们上学时刚学会一个数学公式时很紧张，比如你明白“等腰三角形两个底角相等”了，你会在解几何时总想到这个定理。等到能够把这个公式运用自如了，你就会轻松对待它了——只在必要时想起它、用到它。孩子也一样，如果他能够不紧张自己的东西了，就可以开始下一个议题了——鼓励他去交换，再往后就是分享。

这个东西属于我的，我给你玩了，但这东西还是属于我的。可孩子很难理解，在他看来，“东西你拿着玩了，怎么还会属于我呢？只有抱在我怀里，才是属于我的！”如果你拿着东西跟他交换，他就放心一点。同时，我们还要给他演示，你拿东西跟他交换，他把自己的东西给你玩了，过一会儿，当你观察到孩子不放心的时候，再把东西换回来——这样他就放心了。

一开始孩子不懂交换。两个小孩在抢一个玩具的时候，这个玩具到底是属于谁的，由家长来评定：属于张三的，那么让李四拿玩具跟他换。你得把这种方式教给孩子，让孩子通过这种方式学会自我心理调节，那他就成长了。两个孩子抢玩具，如果是谁的力气大、谁声音大玩具就给谁，那两个孩子都没有得到成长。还有的家长，把孩子带出去玩，当孩子想玩别人的玩具别人不给时，家长不引导孩子交换，就会说："走，我给你买去。"结果家里玩具越来越多，孩子却一直没有机会学习交换和分享，更别说以后如何面对拒绝了。

孩子是自然成长的，他的遗传基因里就带着这些驱动力，这个时间段要学习这种本领，我们家长就要这个时机起到一个"引导"的作用。这就像蒙台梭利讲过的关于蝴蝶的幼虫，那些刚出生的蝴蝶幼虫可以在光线的引导下自然地找到树梢的嫩叶吃，而一旦可以吃较粗的食物时，它就失去了对光的敏感。如果孩子没到那个阶段，无论你怎么引导都"引"不出来。但是你不能起反作用，阻挡孩子的发展。两个孩子抢玩具，如果你不引导他交换，而是去买一个，那么家长是用结果来代替了过程本身，孩子错失的是一次学习成长的良机。

现在的年轻人为什么把购物当成心理发泄，当成取得心理平衡的途径？我买了这个东西，也许并不一定需要，但是买的这个过程能够缓解我的心理压力；小时候跟别人抢东西，人家力气大，我抢不过来，我很沮丧，但妈妈说给我买一个——这不就是一个模式吗？一遇到人际冲突就变身购物狂恐怕就是从这里开始的吧。

孩子的发展好比车子的运行。这是一个车站，到了这一站了，你得想到一下站是什么——分享。这一站你得给他巩固好了，下一站才能准点到达。

爱拿东西回家？物品归属意识不稳固

爱拿东西回家，一年级的孩子发生得最多。三岁以前孩子都在家，有大人看着。到了幼儿园，那里的玩具根本不允许拿回家，放学后都是老师帮他穿好衣服领到门口等着家长接走，小孩怀里抱一个幼儿园的玩具，是不可能的。到六岁开始背着书包上小学了，他会把家里的玩具带到学校，可能就跟同学的东西搞混了，把别人的东西拿回家了。

一年级老师经常会因为小孩偷东西而找家长，而且是屡教不改。他为什么拿同学的东西？就像前面说的，孩子两岁以后有了“私有”的概念，他有了“归属的概念”，知道东西是“我”的。两三岁的时候，你得教给他，东西是属于谁的，东西是有“归属”的，我对自己的东西是有处置权的，但是对别人的东西没有处置权。如果我想要别人的东西，可以去交换，或者得到别人的允许。那么他就会活得很平和，边界也很清晰。他出去的时候就知道自己的东西得收起来，所以很少丢东西。对于别人的东西，比如两个人一起做作业，用了别人的橡皮，他就会知道这个不是我的，就会还给别人。

如果他不清楚东西的归属问题，这个意识没有建立起来，那么他会觉得我眼睛能看到的就都是我的。反过来，我的东西别人拿走了也无所谓。结果他把别人的东西拿回来了，他的东西又都找不到了；他的东西找不到，等到要用的时候就会别扭，他才意识到这东西没有了可是件大事。结果他看见东西就想收起来，把自己的收起来了，别人的也收起来了。

他并不是有意要拿同学的东西，他自己也非常苦恼。他把东西都收起来，会被老师和家长呵斥，不收起来丢了自己又没得用。怎么做都不对，对东西的归属无所适从。结果就是他收的东西可能是人家的，他自己的东西反而丢了。他似乎永远都处于一种混乱的状态，并常为一些鸡毛蒜皮的事情紧张。这类孩子往往有两种表现：一种是上学去了，回来时能丢的东西全都丢了；另一种，其实是前一种的变形，比如教室里特别热，他却一直裹着条大围巾，为什么一直裹着呢，要么是他妈妈把围巾固定了，要么是他自己紧张担心围巾不见了，因为之前他每天都丢一条围巾。

如果孩子是这样的，家长先不要轻易说孩子是“小偷”或者“糊涂虫”，先回想一下过去是不是也是这样的：上小学以前，他在家里的时候，玩具随便玩，玩完家长自然会收。到了幼儿园，玩具大家都可以玩，玩完就扔在那儿，老师会收。所以，如果他带着这样的认识到学校，是不会知道书包里面的东西是“我”的，归我收拾，归我管理，归我处置。

所有权混乱，就要从头培养“归属”意识

问题出在哪儿就在哪儿解决，如果孩子已经 6 岁了，所有权的概念还是混乱的，平时也表现得丢三落四的，我们也不要沮丧，不要担心他是否错过了建立这一规则的敏感期，我们做家长的只要注意培养，还是可以帮孩子从头建立东西“归属”的意识的。比如我们可以把他的铅笔橡皮都涂一个孩子喜欢的

颜色，他喜欢红色就涂上红色，他喜欢绿色就涂上绿色，让他知道凡是他的东西都有颜色，只要见到这个颜色就是他的东西。这就是在建立他的归属感。如果他的铅笔被涂了绿色，他书包的主旋律也应该是绿色，绿铅笔是属于绿书包的，让他有一个感性的认识。那么等到放学，他把绿色的东西都收到绿色的书包里面——他知道绿的就是我的，慢慢地他就明白什么东西是自己的，慢慢地理解东西是有归属的，我的东西我有处置权，我必须得保管它。等到他能把自己的东西收好后，我们再引导他怎么跟别人交换。

学会交换，然后再学会“借”，就是通过语言，通过承诺，暂时把别人的东西拿过来自己用。通常，一个3岁的孩子，只有用物质的东西才能让他明白这是我的，那是你的，咱俩可以交换。换了他才会踏实，就好像是银行给你贷款，你给银行抵押，你什么都不押着，银行就不会放心地给你贷款。年纪再大一点，孩子就知道不用再拿铅笔等实质性物品去换了，就变成“你的橡皮能不能借我用”。“借”，说明归属权还在你那边，我只是暂时用一用，使用完得还回去，不还回去，这种信任就没了，下次就不借了。当然，这要让孩子慢慢去体会。

不管是哪个时间段没有建立好的那种能力，如果发现孩子缺少，我们还是得从头帮他建立，不管他年纪多大。缺什么就得补什么，不补的话会影响孩子一辈子的生活，尤其在跟人沟通方面会有比较明显的障碍。想一想我们身边是不是会有这样的人？你说他坏吗，他真是个好人，可他每次借你的东西总是不还，小到一本书，一张CD，大到临时问你借的万八千块钱，愣是不提醒他，他就能忘得死死的，类似这样的无心之错总犯，常常把别人搞得很崩溃，不了解的会认为他是品行问题，你说这样的人能受人欢迎吗？

5. 孩子不合群，应引导其社会化

小孩子 1 岁开始就会走了，他的社交圈子就打开了，也就会跟别的小朋友一起交流了。在交流的过程中，他会学习交流的技巧。没学会，孩子可能就会被别的小朋友排斥，所以家长应逐渐引导孩子学会交往的方法。

自闭症患儿没有情感需求

经常有年轻父母问我："我家孩子特别独，是不是自闭症啊？"最近几年对于自闭症国家有了一些政策，相关的文艺作品也出来了一些，比如电影《海洋天堂》，还有一本书《爸爸爱喜禾》，大家开始关注起自闭症来，这是好事。如果确实诊断孩子得了自闭症，我们就要带孩子去专业的机构训练治疗，通过训练让他实现生活自理。

但自闭症是有诊断标准的，不是说孩子不爱跟其他小朋友一起玩就是得了自闭症。自闭症的诊断标准非常专业，需要专业的机构和人员去做，咱们只需要记住一条：自闭症的孩子是没有感情需要的，同样也没有感情付出；他永远对活物不感兴趣，什么小猫小狗他都不喜欢，但他对没有生命的东西却有依恋。我见过一个比较典型的孩子，妈妈背着孩子，孩子抱着一块砖头，那块砖头孩子抱了三年，睡觉都不撒手。还有一个小孩，他老得抱着一个鼓。这个鼓下面有一根飘带，那根飘带脏得都看不出颜色了，有一次医院有外宾参观，我们说你这个鼓太脏了，我们给你洗洗吧。结果我们刚把他的鼓拿走，他就哭得背过气去。没办法，我们只能赶紧把那个鼓还给他。

自闭症的孩子最大的特点就是没有感情需要，你对他好，对他的爱抚他都不需要，置若罔闻。所以，自闭症孩子的家长特别痛苦。痛苦在哪儿呢？第一孩子有活动能量，第二孩子没有社会能力。他是一个人，但是他跟人类社会完全没有沟通。不管家长对他投入多少爱，他都没有回应。他连个笑脸都不会给父母，所以他不痛苦，父母痛苦。不过，自闭症的发病率很低。而很多家长口中的“自闭”，据我的观察，说的其实是孩子不合群，不愿意跟别人玩。这个比例比较高，其根源是社会化不足。

自闭倾向的孩子大多是因为社会化不足

很多时候，家长觉得孩子有自闭倾向，其实孩子并不是自闭，而是社会化不足，是家长没有及时把孩子送到群体当中。究其原因是家长做得比较晚，另外就是做得不够。

现在都是小家庭，过去一大家子二十来口人，他在家里就被“化”了。现在家里人口少了，父母又去上班，家里只有老人，顶多再多一个保姆，加一个孩子。这家里的气氛得多沉闷啊，孩子早上一睁开眼睛，家里只有两人，所以孩子没有被及时带到群体环境当中去。孩子两岁的时候就应该跟同龄孩子交往，就应该被社会化。

但这个年龄段的孩子又是最容易磕磕碰碰的——会走了，但是却走不利落，所以特别容易摔倒。有些家长为了安全就放手少，甚至不带孩子出门。过去一个村的孩子一块在村头柳树底下玩，捡一个瓦片大家跳房子，捡一截草绳子大家跳绳子，瓦片和草绳都是公共的。现在孩子的玩具都是自己的，经常会为了玩具闹纠纷，你推我一下，我推你一下。这更增加了家长的担心：担心玩具引起的纠纷，担心孩子打架，担心别人家的孩子把自己家的孩子从高处推下来，或者自家孩子把别人孩子的脸抓了……这些问题导致孩子的活动越来越受到限制。

孩子也觉得在家玩挺好。在家里玩，缺什么，家长就给补。出去不但有小朋友抢玩具，还可能被小朋友欺负……他每次出去得到的大多是不好的心理感受，自然更愿意待在家里玩了。有的家长甚至下雪了把雪给铲到屋里来让孩子玩，雪化了以后再拿墩布擦，擦完以后再拿新雪来玩。这种孩子不叫自闭症，叫社会化不足。

社会化就是让孩子参与生活

我们不少家长带孩子出门是怀有一定炫耀心理的，喜欢让孩子在别人面前表演认字背诗，唱歌跳舞，只要被人夸了家长心里就特美。要知道，我们带孩子出门是为了让孩子成长。所以，我们应该让孩子积极、深入地参与到生活当中。

孩子要积极融入他的同龄人当中，让孩子在小团体当中摸爬滚打。即便是你抓我一把我抓你一把，受点小伤也没什么。孩子跟孩子徒手之间的力量和速度极少会造成很大伤害。所以，我们要做的就是让孩子到同龄人当中去锻炼、去寻找自己的位置。他要学会怎么与别人沟通，比如，如果遇到比他力量大的，他得琢磨怎样才能去搞好关系，这些都需要他自己去摸索，去找那个分寸。其实人天生都有在群体中找到恰当位置的能力的。我们唯一要做的就是：相信他。

在成人社会里，有机会也可以让孩子多参与。比如去公园，你可以让他去买票，如果售票员见到小孩去买票，肯定会给一个笑脸；进门的时候再让孩子去检票，检票时他又得到一个笑脸，这些对小孩来说都是好的体验。这会让他觉得自己是社会当中的一员，他参与到社会生活之中了，并且是有成果的。在他心里形成了这样一条逻辑：我把票给别人，别人让我进去了。我把钱给别人，人家高高兴兴地把票给我了。在这里再引申一下，比如你拿钱去买冰棍，冰棍回来了，孩子只享受到了这个结果，而如果你放手让孩子去买，他就参与了买冰棍的整个过程，那孩子会有一种认知——参与，能够给他带来他想要的结果，同时，在参与之中得到与人交往的愉快，于是他就知道如何与人积极主动地沟通交流，并且会非常乐于这种交流。

孩子不爱跟人玩源于玩乐中的不良刺激

孩子不合群，最常见的表现是不爱跟人玩。如果孩子特别拒绝跟别的小朋友一起玩，我们就要仔细回想他是不是在跟别人玩的时候遇到了一些不好的刺激。比如他跟别人玩的过程中，有没有不经过他的同意就被拿走了玩具。如果类似的不好刺激多了，他自然就不爱跟人玩了。

我们说孩子一岁多两岁的时候必须进行社会化，什么叫“化”，就是潜移默化地改变。比如农村的孩子进城念大学，四年大学下来不知不觉就在生活习惯、穿衣风格上城市化了。小孩子的社会化也是同样的道理，要让他进入同伴的社会，老跟成年人待在一起是不能完成社会化的。他得在同龄的群体中，学习交往技能，学会体味别人的情感，学会理解别人的要求，进一步提高他的组织能力、感召能力，这是他社会化的必要进程。

那么如何引导孩子顺利社会化呢？首先要让孩子能放心愉快地与同伴玩。比如他和同伴玩沙子，把玩具汽车放在一边，这时候如果有其他小孩去拿他的玩具汽车，他肯定要跑回去护着自己的小汽车——保护自己的东西是很正常的。这时候家长就要帮他保管好玩具，让他可以放心痛快地玩。有的家长喜欢自作主张把玩具借给其他小朋友玩，对于两岁左右的小孩子来说是没办法理解“借”的概念的，所以不要用自己所谓的“慷慨”来刺激孩子。

等到孩子再大一些，我们可以引导孩子学习“交换”。如果小朋友想玩玩具汽车，就要先提出申请：“我想玩玩你的玩具可以吗？”孩子说“可以”，他才可以拿走；孩子说“不可以”，我们就可以引导那个想玩玩具的孩子拿一个东西来交换。有了交换的东西，就是有了一个“抵押物”，孩子的心里就踏实了："你把玩具汽车还给我，我再把抵押物还给你"。

学会了交换，孩子会多出来很多的玩具，不管别人的玩具价值几何，对孩子来说都是新鲜的。他会觉得“我今天玩了那么多玩具都是新鲜的，回家的时候我还能把自己的玩具都抱回去，这真是愉快的一天”。他会觉得今天玩得很踏实，以后还这么玩。如果别人也有这个概念，那么这个小团体就是和谐的，大家会再次相约在一起玩。

最不受欢迎的孩子是那种他的东西不让别人玩，他玩别人的东西却不愿意跟别人申请、交换，或者去友好沟通的孩子。有的孩子因为不被其他孩子接纳，家长就会说："走，我带你去买。"家里买的玩具越来越多，但是玩一遍，孩子又烦了。结果家里面的玩具堆成山，孩子并不见得愉快，跟别人的交往能力也没有得到提高。

孩子爱咬人是因为没有掌握交往方法

有的小孩不合群是因为喜欢上嘴，于是被人排斥。孩子这样的行为还是因为社会化不足，没有掌握跟小朋友交往的技巧。

小孩子 1 岁就开始会走了，他的社交圈子就打开了，就会跟别的小朋友一起交流了。在交流的过程中，他会学习交流的技巧。第一，他希望在交流过程中别人回应他，如果别人没有回应，他会有挫败感。跟成年人不同的是，一两岁的孩子人际交流 60% 运用的是肢体语言；成年人坐在一起说话不会拉拉扯扯，而且成人间的肢体语言都是程序化的，比如握手，拍拍肩，这都有一定的含义。而小孩子在一起则喜欢“上手”，比如直接去摸别人的脸，推了推别人，等等。

如果这个孩子出去跟别人玩得比较少，家里又只有老人和保姆，他出去以后周围也没有跟他同年龄的孩子，那么这方面的能力他就学不到了。如果他不跟年龄相当的孩子玩，而是跟大孩子玩，人家不回应他，他可能就急了。动物都用嘴，小孩子也一样，什么东西都爱用嘴去尝一尝，钥匙啊，手绢啊，只要看到的都要先尝一尝。等到孩子四五岁了，小零食打不开肯定还是会上嘴。于是像上面的状况，他也上嘴了。而且这招特别灵，只要他一咬人，人家不管玩什么都会放下手上的活动立刻说他这件事了，对方的注意力被吸引过来了。孩子会认为，咬人是吸引注意力的有效方法。

所以，我们要知道，孩子咬你，目的是让你注意他，如果他咬你，你反应强烈，他会认为你注意我了，咬这一口得到了预期的效果，不管你打也好骂也好，他仍会觉得自己成功了。所以，要纠正孩子的这种行为，最好的方法是在他咬你的时候，就不要反应太过强烈，或者马上跟他说这件事情。如果他咬你了，忍着疼马上把他的嘴打开。之后不要理他，让他感觉被冷落，他就会认为自己的招数失败了。

如果是咬了其他小朋友，给孩子讲道理说为什么不能咬人之类是没有用的，那么小的孩子未必能理解。这时家长要做的就是示范一遍，教给他怎么跟人家交往，比如拉着人家衣服，拍人家肩膀，你给他演示一遍。有的小孩刚开始跟别人接触，遇到不如意的事，比如别人玩他的玩具，他会认为“我的玩具我可以玩，别人不能动”，他们不知道怎么拒绝，于是便用了最原始也最有效的手段——咬人。这时你就要教给他，别人的玩具你想玩要用自己的玩具去交换。如果出现小孩抢别人玩具，你要做的不仅仅是阻止这个行为，更重要的是要给他演示，用语言加行动告诉他如何去跟别人交换，慢慢地他就学会了。

孩子不愿合作是因为职责不清

有的孩子不合群表现为不愿意跟人合作。但是这个不愿意跟人合作的原因却不一定是因为社会化不足，有不少是合作中个人的职责不清晰。

过去我带儿子擀面条，我就跟他说："你自己吃的面条自己擀。"孩子一听特别高兴，拿一个案板自己擀，我也要擀，两个人地方就小了。儿子就说："你过去点，别给我弄乱了。"他没有合作意识，如果我们俩擀一份面皮，他就更不干了。

我儿子之所以不愿意跟我合作，其中有两个原因：一个是这种合作需要互相之间的配合，这个对当时 4 岁的他来说太难了；另一个就是他的成就感要求太强了——如果他跟我合作，那这个作品算谁的呢？他希望独立拥有这个成果。从这一点看，孩子们确实比我们成人理解的要丰富复杂得多。所以不爱合作也表现了孩子的一种自信，他觉得这个他能独自完成。

但合作一定是要有的，我们怎么引导孩子学习合作呢？我们可以这样办：如果他能独立完成的，就让他独立完成，没必要合作了。比如用纸折一只小船，他能做到那就让他自己折吧。如果有些活动是必须合作完成的，那就要把每个参与者的任务分工做仔细，明确我要做什么，你要做什么。最后的成果也要分清楚。

比如说几个小孩合作收拾玩具，你得说“A 负责把玩具从各处捡回来交给 B，B 负责把玩具放到框子里”；玩具收拾好，总结的时候你要说“看 B 码得多整齐，这完全是你码的”。对那个捡玩具的 A 就说“你看你捡得多快啊，B 都码不过来了”。如果你的表扬混淆了，参与的孩子就会心里特别不舒服，甚至产生互相排斥的心理。而如果他没干这件事你却表扬他了，他也会不舒服，觉得你的表扬贬值了。这就像年终总结会上领导说“今年大家的成绩进步都挺大的”，台下人就会觉得“大就大呗，这也不是表扬我”。如果你表扬得到位了，孩子就会对这个表扬很珍惜，觉得这里面有含金量，他才能从合作中体会到乐趣。

6. 娇气的孩子更需要“正确赏识”

一个人事业成功除了必须具备高智商和高情商外，还应该具备高逆商。什么是逆商？就是一个人面对挫折时候的表现，如果他摆脱困境、超越困难的能力越高，那么逆商也就越高，逆商越高，人生就越容易成功。所以，我们在鼓励孩子自信的同时，还要让孩子学会面对挫折和否定。

娇气是因为不愿被否定

经常有家长向我诉苦：“我家孩子被老师说太娇气了”“我家小孩一被老师批评就哭，然后再也不愿意上幼儿园了”……孩子的这些表现是因为他把被否定这件事看得太重了，他太不愿意被否定了。

有个妈妈讲过这样一件事：她家上中班的儿子在上午的课间活动时排在第一的位置，但走着走着鞋掉了。整个队伍不可能因为一个人要穿鞋就都等着，老师就让他去旁边穿鞋。可孩子受不了了，一路哭着回到教室。老师告诉家长，认为孩子太娇气了。其实，孩子伤心的是自己失去了原来的位置——他把排队的位置等同于自己在团队中的位置，一种社会位置；他本来是第一的，结果穿好鞋就换到队尾了，他认为他“第一”的位置被老师否定了，被别的小朋友剥夺了，这个太难让他接受了。

有人就问：这种情况我们应该怎么向孩子解释，或者怎么引导他呢？其实我们需要关注的不是这件事本身，而是让他如何正确认识“掉队”——告诉他其实掉队没什么了不起。类似的还有“被批评”“被惩罚”，都要让孩子明白是怎么回事。可以引导孩子明白为什么会被批评、被惩罚，以及如何去摆脱这种自己不喜欢的状态，而不要在这些结果上打转，把结果看得过重。

有心理学家认为，一个人事业成功除了必须具备高智商和高情商外，还应该具备高逆商。什么是逆商？就是一个人面对挫折时候的表现，如果他摆脱困境、超越困难的能力越高，那么逆商也就越高，逆商越高，人生就越容易成功。看身边那些成功的人，尤其是从事推销行业的成功者，大都是小时候调皮捣蛋的，可能从小他的自我认可度就不是特别高，而在推销的过程中又经历了无数的否定，所以即使有九个人否定了他一个人接受了他，他就会很高兴地想：“我成功了 10% 啊！”

不当的“赏识教育”带给孩子错误的自我认识

二十世纪心理学家哈特（Harter）提出了自尊的多层次模型，他认为 4 至 7 岁的孩子是自我膨胀阶段，他们倾向于在所有方面都积极评价自己——这也反映了孩子在各个方面都希望有良好表现并讨人喜欢的愿望；从 8 岁开始，孩子对自我的评估与其他人对他自己的评价会越来越接近。所以小孩子对自己的能力和社会位置的自信是很正常的，是他的本能。但值得我们关注的是不当的“赏识教育”带给孩子的过度自信。

赏识教育就是如果他创造了，就要给他肯定;但肯定不是排名，孩子“好”不是表扬出来的，而是鼓励出来的。现在我们很多家长在实施赏识教育时，把鼓励和表扬混淆了。鼓励是只鼓励孩子做的这件事，强调的是他所做的事，而不是说孩子这个人是最好的。我们成年人，被人夸“漂亮”，都会说“谢谢”。比如你说:“洪老师你真年轻，你穿得真得体。”我会说:“您过奖了”。我认可自己，知道自己几斤几两，但是你认可我，我还是要谢谢的。但是小孩子理解不了这么深。我就听到过有小孩说“他敢比我还漂亮”的话，他觉得天下没有“敢比我漂亮的”！他能说出这样的话就是因为他把别人对他的夸赞当作了事情的真相。

现在的小孩大都被夸得有点过了，他觉得自己这辈子没有失败。有的孩子跟大人下棋，输了就哇哇大哭。他不能接受这个现实，他会想我怎么能失败呢？我怎么能比别人差？一方面我们要通过肯定为孩子树立基本的自信，另一方面又不能过度表扬造成孩子自满自大。那我们应该如何做呢？需要两方面努力，一是正确实施赏识教育，二是做好挫折教育。

赏识教育≠整体表扬，局部鼓励更有效

当孩子做了一件事，是他自己创造出来的，他自己独立完成的，我们就应

该表扬，但不是表扬孩子，而是表扬他做这件事的过程。

比如孩子扫地。如果孩子扫得并不干净，那我们最好别虚假地去夸他干得漂亮之类。我们可以从其他方面去寻找可以夸奖的地方，表扬他局部的一个点，而不去表扬整体、表扬结果。如果孩子姿势正确，我们可以说“看你拿笤帚的姿势还真是那么回事”，把整体分成了局部。这次我们夸他拿笤帚姿势像样子了，下次就该夸他扫地干净了，再下次就夸他连边边角角都扫了。这其实就是鼓励，鼓励是可以升级的，永远不达到最高点。有的家长一张口就是“真棒”，这样的表扬容易把孩子弄懵，不知道自己棒在哪里。久而久之，只知道自己“棒”这个结果，对偶尔的“不棒”当然也就不能接受了。类似于“你是英雄”“你是最棒的”“你真漂亮”……这都是表扬，都是一种很笼统的说法。鼓励则可以鼓励一个局部，比如“这个飞机翅膀叠得真整齐”，我只说你叠的飞机，而且只关系到飞机的翅膀，是一件具体的事情。你这件事情做得很好，好在哪儿，只说其中的一个动作、一个行为，而不是你整体的人。下回他就知道自己哪里好，或者该往哪个方面努力了。

有的家长抱怨孩子“只听好话，一句坏话都不能听”，这就是一贯整体表扬的结果。如果家长一贯都是笼统的表扬，一旦要说他的不好，孩子自然也会理解为对自己全盘的否定，难以接受也是很正常的。

如果平常鼓励的是孩子的行为很好，这件事情很好，不是关于他整个人，那么被批评时孩子也不会误解为批评他整个人，能清楚理解被批评的只是他做过的某件事的某个细节，因此，他会比较容易接受批评。当我们对孩子说“你这个字写歪了”的时候，孩子自然会理解我们说的只是这个字，不是说他全部的字。所以孩子只爱听好话，听不得一点批评，这其实跟家长平时和孩子说话的方式有一定关系。

让孩子面对挫折，给他同盟军和解决办法

我们要鼓励孩子，让他自信起来；但有时也得让孩子学会面对挫折和否定，让他知道如何应对困境，被别人否定了该怎么办。

比如在幼儿园表现不好被老师惩罚，爷爷因为这件事批评他。这种事情应该让他经历。不要担心他幼小的心灵受到创伤，对于孩子来说，他还不知道这个是创伤；他也不知道这个到底是多大的错误，会有多严重的后果，他想不出来。

但是，我们不能让孩子独自面对挫折和否定。如果爷爷是家庭法官，家庭法官对孩子说“你犯法了”，这时候孩子的同盟军，不管是爸爸还是妈妈，应该立刻站出来，告诉孩子他做错了什么，会出现什么后果，要让他知道这个错误是他犯的，他要负责，这是现实，是不可抵赖的。然后告诉孩子这件事情是可以补救的，帮他一起想想补救办法，并指导孩子实施。当被“法官”判定“错了”时，孩子的心会凉一下，但实施了有效的补救办法后，他心里就会觉得“原来犯错了并不可怕”，以后再遇到类似的事情就不会懵了，他就不怕失败了。成功者和失败者的区别就在于有些人不怕失败，并且还会越挫越勇，因为经验告诉他，他的失败是可以弥补的，而且通过改进，一样可以获得好的结果。

娇气孩子更需要“父亲认同”

现在不少孩子的娇气，尤其是男孩子的娇气，是妈妈养出来的。我们当家长的要清楚，所有的爱都是以聚合为目的，只有母子之爱是以分离为目的，越是成功的母亲和孩子分离得越早。所以我们当妈的要慢慢地把孩子一点一点地推出去。

现在不少家庭父亲是缺位的，尤其在北上广等大城市，爸爸尽忙着赚钱了，我们要警惕这一点。3 岁以前孩子跟着妈妈，上幼儿园后都是阿姨，上小学后都是女教师……有一个概念叫“父亲认同”，父亲对孩子“自我形象”的影响力是非常大的。教育中父亲的参与等于在告诉孩子，这个世界上不都是女的，还有男的呢，男人有男人的表现。女孩子缺乏对父亲的认同，小时候看不出来，但长大后进入婚恋阶段就有麻烦了，她会找不到好丈夫好男人的标准。而男孩子如果缺乏父亲的认同，就没有魄力了。所以在 3 岁分界点的时候，我们要帮助孩子找到对父亲的认同，让父亲多参与到家庭教育中来。尤其是四五岁，这是父亲认同的关键时期，不光男孩子需要，女孩子也同样需要。如果一生下来孩子就一直接触女性，他就会觉得男人和女人是一样的，他不知道男女有什么差异。

父亲的形象是怎样的呢？比如孩子让门夹着手了，爸爸就应该说“不碍事”，孩子就会知道这后面没有什么严重的后果。爸爸就像船的舵，是让家庭这艘船平稳航行的根本。当然爸爸更大的作用也是在向孩子传递一个坚强的、负责任、敢担当的男性形象。

7. 孩子胆小？找对原因才能用对方法

家长一定要交替运用示弱、鼓励、支持的方法协助孩子成为一个内心充满能量的人，当他成为内心充满力量和勇气的人，你还用担心他面对困难变得卑怯吗？

孩子胆小分三种情况

孩子胆小，一般有三种情况：一种是孩子接触大自然的时候胆小，比如过桥，看见虫子，看见鸟都害怕。第二种情况是孩子接触社会，参加社会生活的时候胆小。比如不敢出门，不敢见陌生人，都属于这一类。还有一种情况，孩子缺乏成功的体验，对自己的能力不自信。针对孩子这三种不同情况的胆小，我们要区别对待。

如果孩子是因为接触大自然少而胆小，我们就要多带他接触自然。过去的小孩十来岁都上树摘枣，而现在的孩子连自家枣树结的枣成熟了都不敢上树摘。城里的孩子怕是连枣树都没见过了。

家长比较担心的胆小更多是指孩子接触社会时候的胆小。这其中的根本原因还是家长代劳过多，保护太好。解决办法就是多带孩子参与社会生活，多放手，多制造机会让孩子自己履行自己的社会职责，小孩子往往比我们想象的要强大得多。

至于孩子因为低估自己的能力而胆小的情况，我们就多带孩子体验成功，让孩子在一次又一次的成功中增强自信心。

社交中胆小的孩子，需要多接触社会

比如家长带着孩子到朋友家做客，肯定是家长说叫“阿姨”，孩子才会说“阿姨好”。这样打招呼一点效果都没有，孩子是面无表情的，不情愿的，也没有过脑子。他不会觉得今天我到谁家去了，我是一个什么角色，我进去以后要做什么。所以这个时候家长是有任务的,得让孩子明白一进门笑着叫“阿姨好”是他的一项工作，是一种礼貌，要是他一进门就瞪着眼不打招呼，是没有礼貌的，人家就不会欢迎他，不会接纳他，这个意义我们需要让孩子知道。如果是两家比较要好的朋友，可以相互带着孩子到对方家里演示。如果孩子没有主动打招呼，主人可以说：“你就这么打招呼啊，你进来干什么呀？”主人可以故意怠慢孩子，不去主动招待，也不主动呼应。遇到这样的情形，孩子会非常尴尬，从而被逼完成自己的社会职责。

我们也可以多利用外部力量，从小让孩子深入参与到社会生活当中，多积攒愉快的经验。比如上公园，你可以让孩子去买票，如果他不买，公园的守门人就不会让进去，这时他就跟社会产生关系了。当 4 岁的孩子去公园的售票处买票，售票员一定会笑脸相迎的，孩子肯定也会以笑脸回应，他会觉得这个社会是非常亲和的，他就爱接触社会了。

如果孩子小的时候，这些事情父母都干了，等到他长到十五六岁再去干，肯定就洒汤漏水的，不会特别利索。比如说在超市买东西，收银员说“五十八块八”，一个老太太也许会很快把钱拿出来，东西也非常利索地装起来了。如果是一个很少上超市的高中生，他可能就会从口袋里掏出一把来，虽然也是钱，但是有零有整，然后再从里面找到合适的数目，挑完了再把剩下的钱一把塞回去；装东西的时候一会儿掉了这个一会儿碰了那个，拖泥带水的。收银员会觉得“这孩子太笨”，人家觉得跟孩子的合作不愉快，肯定不会给孩子好脸色；孩子得到的反馈都是消极的，自己到哪儿都招人烦，也就不愿意出去了，所以还是“宅”在家里舒服，不喜欢社会交往。

好多家长都觉得这些小事不让我的孩子干，我孩子就是干大事的。什么是大事呢？大事就是读书。现在已经很明显看出来了，那些没有高分而有能力的孩子一定能找到工作，生活还比较愉快；而高分低能的孩子未必就能找到适合他的工作，还常常抱怨生活的各种不如意。

所以我们的家长在理念上就有误区。《红楼梦》里贾府的女孩子是要做针线的，那么有钱有势的家族为什么女孩子还要学习做针线？贾母有一句话：“咱们家的孩子不指望你做这个，但是一定要会。”因为只有你会了，你才能跟裁缝交流，你才能说得清你要什么。所有的工匠都有这个体会，和懂行的人交流，这是一种愉快的交流，衣服哪里好能说得出来，哪里不好也能提出合理化建议；真正好的师傅，是在有品位的人的欣赏中提高的。大师傅做饭，只有被懂行的人点评，或被欣赏或给出中肯的意见，水平才能不断提高。

所有的生活都不是空中楼阁，还有一句话叫“穷人有钱活受罪”。比如一个设计师设计的衣服需要上万块，你有钱可以买下它，但这件衣服好在哪儿你说不出来，有什么样的附加值你也不知道，在什么场合穿才能凸显出好你也不明白，你买的这件衣服的价值就会大打折扣。高品位的生活不是拿钱堆出来的，而是拿文化托起来的。我们应该让我们的孩子跟生活多接触，什么都是短的，只有日子是长的。我们要让孩子为真实的生活而学习，而不是只有坐在教室里学 ABC 和加减乘除才是学习。

自信心不足？让孩子多体验成功

不管是怕黑怕动物，还是怕出门，怕见陌生人，都是因为孩子跟外界接触太少。为什么到了游泳池孩子怕水，因为下雨的时候他都没有蹚过水，他能不怕游泳池吗？天才也不行。他对世界体验得太少，这是孩子胆小的一个外部原因，内部的原因是他对自己的能力没有把握，因为他的能力本身也处于成长阶段，并不是特别强大。所以上面说的孩子第三种情况的胆小就是，能力差没自信。你觉得在他这个年龄他能完成的事情，他完不成，他没有那个能力，即便他有能力但是他没有自信。

前面我们说过，孩子小的时候对自己的评价都是正面的，如果我们同时能帮助孩子发挥自己的能力，那么他必然会变得自信起来，这就是鼓励教育了。举个例子：

有一次，我带着 4 岁的儿子去公园玩，公园里有个小瀑布，瀑布下面是个小桥，用石头搭成的，就四五块石头，石头与石头之间大概有半尺的距离。孩子他爸爸几下子就过去了，孩子站在这边就问我："怎么办啊，怎么办啊？"这是因为他确实没迈过石头，他走的路永远是平坦的，现在路断了，怎么办？4 岁的孩子一步能迈出一尺半，但是这个间断才半尺，他就不敢了，因为他没有尝试过。

爸爸想回来接他，我阻止了。我对儿子说："你看你爸爸不是就迈过去了吗，这个脚站在这儿，那个脚迈，就能过去。"然后我拉着他迈了一个，他爸爸在那边接着，结果就过去了。他过去了，我还在原地。我故意说："我怎么办啊，谁救救我啊？"他爸说："你快去救救妈妈！"孩子的心里马上觉得自己是个英雄，他说："你等着。"然后几下子就迈过来了，拉着我，还指导我怎么走。走的过程中，我表现得很夸张，一边说："可算过来了，咱们都过来了。"我给他演示，让他体验到了成功的喜悦。那天在公园里玩了一天，但我认为儿子这 3 分钟的体验是最有价值的。

体验成功会让孩子对自己的能力产生自信，成功的感觉就是这种其乐无穷的感受。在家的时候，我们就应该多创造机会，给孩子一些这样的体验。如果你带孩子出去玩一天，孩子有这样一次体验，这一天就"物超所值"啦。

当我们在公园里接着再往下走时，又有一个湖，湖里也有几块石头，石头之间的距离就大了，这个我迈着都费劲了。刚才那个湖水很浅也就一寸，掉进去也没有危险，这个可是一个真正的湖，水很深。我说："这个怎么过啊？"他爸爸说："这个要是掉里面就得拿竹竿捞了。"他爸爸工作比较忙，带孩子时间不多，我不希望让他错过这个机会，于是给他使眼色。他爸爸很快就明白了，于是拉着孩子，等儿子迈步时他爸爸就使劲一悠，孩子就给悠过去了。其实不是孩子自己迈过去的，但他感觉是自己过去的，因为有刚才那个成功激励着他，如果没有前面的铺垫，你硬要把他弄过去，他可能会自然后退。但是现在他正沉浸在成功的喜悦之中，所以很快乐地过去了。

再往下还有一个湖，湖上面是个铁索桥，孩子先过去了，然后在湖边高兴地冲我喊：“妈妈我在这儿呢！”他很兴奋，他成功了。等到我过去，发现他的腿上磕青了一块，看来这个铁索桥已经到了他能力的临界点了。我想，我们要找到孩子能力的临界点，不要让他去做超出能力一大截的挑战，否则他的成功体验又会被能力不够的失败体验代替。于是后面我们再逛就避开了更高难度的路。

凡是孩子能干的，我们就要让他去干。我们要让他在这些活动里面吸取自信和力量，在实践当中提高能力。我们还要设置一些场景，让孩子做一些有惊无险的事，让他多吸收一些成功的经验，给他去提高探索世界的信心，刺激他探索世界的欲望。这样一来，孩子就不会天一黑就害怕，自己在屋里也害怕；就不会出现给他钱让买根冰棍，他会说“不敢”。为什么有的孩子特别不愿意自己去试探这个世界呢？因为试探后就会出现两个结果，一个是成功，一个是失败；但是他的经验中成功的体会太少了，所以他就不愿意去试探了。

“我不行”——给孩子有力的心理支持

有的孩子，你让他干什么，他都会说“干不了，我不行”。孩子这种行为的出现其实是家长长期影响的结果——在家长的眼里，孩子就是小豆豆，他们想象孩子的能力特别弱，并将这个想象变成了现实。

其实孩子的能力远远超乎我们的想象。一个两岁的孩子能够搬动一个成人坐的椅子，椅子背已经超过他的身高了；大人要搬一个比自己身高还高的椅子，一个人可能就搬不动。一个成年人想拿起一个装满水的杯子，手掌的长度必须大于杯子周长的一半，而小孩却能拿起周长大于自己手掌两倍的水杯。再说吃饭，我们如果拿一个两岁的孩子吃的东西跟他的体重比值来计算，那么一个成年人就该吃一锅饭了。从这个角度来看，小孩的能力比大人的能力强得多。我们不能根据自己的经验来判断孩子“应该具备”的能力，孩子的潜能几乎是超越我们想象的。

除了喜欢低估孩子的能力，大人还特别容易夸大困难。我和一个小孩的对话就特别典型。那天风很大，我就问那个小孩：“今天风特别大，你上学是怎么走的？”“使劲走呗。”孩子毫不犹豫地回答。我问的这个问题关注的是困难，但孩子回答得特别简单：前边有一个障碍，“风大”；怎么办呢，“使劲走”，其实孩子看到的是要上学这个目标以及“使劲走”的方法。

有时候我们不得不承认他们本身就具有的心理力量，关键在于施教时，我们如何去引导和发掘，而不是用我们的恐惧去妨碍他们的发展。

小孩大人都不知道自己的能力到底如何，都得通过实践来了解自己的潜能，了解自己能力的边界。如果孩子干了一件平时没干过的事，家长满眼的担忧，认为“这事可不得了了”，那孩子肯定觉得这事不能干；如果家长在孩子行动的时候给予的是满满的信任和鼓励，孩子也会相信自己能完成。

我儿子摔跟头了，我不会去扶他，我总是提着他的耳朵跟他说“起、起、起”，给他心理上的支持，每次他都能快速地爬起来。不能一副着急的样子说哪儿摔着啦，怎么样啊之类的，当然，很冷漠地当这事儿没发生过也不合适。两三岁的孩子，以他的身高体重不可能摔坏哪儿，所以我捏着耳朵一点劲没用，就给他心理支持说“起来”，他也就起来了。孩子有足够的能力自我拯救，只是缺乏自信心，我们没有必要给他具体的帮助，只需要给他心理支持，并且想办法让他实实在在地体会到就可以了。

要想孩子不胆小，根本上还是看家长。孩子是靠家长的艺高所以胆大，然后胆越大艺就越高了。这就好像师父带徒弟，如果师父都告诉你不行，那就意味着这是师父都做不到的事，徒弟就更不要干了。电影《苍穹之昴》里有个场景我印象深刻：一个小京剧演员要上台，师父就对他说一句话“师父在呢”。而正是这句话给了徒弟特别大的鼓舞，只要师父在，他的心里就有底。我有一个学生答辩之前给我发短信说很害怕，我就跟他说：“你只要记住第一句话后面就不用管了。”后来他的答辩也特别顺利。

所以，家长一定要交替运用示弱、鼓励、支持的方法协助孩子成为一个内心充满能量的人，当他成为一个内心充满力量和勇气的人，你还用担心他面对困难变得卑怯吗？

8. 孩子是个大话王？针对年龄抓药方

针对孩子说谎的问题，家长当务之急不是拿起道德之剑，而是加强管理。

三四岁的孩子说谎有两种情况

三四岁孩子说谎常常是因为混淆了想象世界和真实世界。三四岁孩子的世界就是一个想象的世界，如果他说谎说得都是无稽之谈了，那就不是说谎，而是因为他的想象力太丰富了。他自己分辨不出哪个是现实，哪个是想象了，界限不清就容易把想象的东西当成现实，想象力丰富的孩子更容易有这种情况。如果孩子是这种情况的说谎，那么我们顺着他想象的思路说就可以了。

还有一种情况，是孩子为了达到某种目的，比如家长不许他吃巧克力，他偷吃了一块，家长问巧克力怎么少了，他说他没吃。这种说谎也是人之初自我保护的本能。三四岁的小孩子还没有建立道德观，所以他说“不是我”，其实是不想被批评，他只知道承认了会受惩罚，所以本能地躲开结果，逃避惩罚。

家长怎么处理呢？三四岁的孩子重点在于管理，如果他说的这个谎很严重，那就不要给他说谎的机会；如果他说的这个谎是无足轻重的，我们也就没必要去甄别真相到底如何了。而且就算惩罚我们也达不到让孩子不再说谎的效果，因为小孩子觉得现实有的就是有——巧克力确实好吃，惩罚和吃巧克力是两个时间段，他根本不能将这两个结合在一起权衡利弊——明天巧克力放这儿，他还要拿来吃。都说“小孩子记吃不记打”，其实也是因为他们心思单纯。

如果你发现巧克力少了，你问孩子“是不是你”，孩子回答“是我”，你怎么办？因为孩子很诚实而鼓励他吗？但是他根本分辨不出来这鼓励是认可他吃巧克力还是认可他的诚实。如果你认可他的诚实，那他明天还吃巧克力，吃完他还诚实地承认。如果你因为这个打孩子，那就等于孩子诚实了还挨打。所以怎么办都不好。孩子没办法理解道德错误和行为错误的区别，我们用成年人的办法来处理，怎么处理都是错的。

所以，对于小孩子的谎言，比如孩子偷拿巧克力这件事，最好你当时抓住当时就制止，或者家里干脆就没有巧克力（既然孩子不能吃，那就别让他看见了）。不要纠结于他说谎还是诚实，重点在于管理，不给他犯错的机会，既然他没法分清楚的话。

讲大话爱吹牛？分两种情况

吹牛就是把自己的成就说得特别大，不懂得谦虚。但是小孩子吹牛跟大人吹牛可不一样。小孩子的吹牛分两种情况，一种吹牛是他的内心真是那么想的，他把虚拟的东西想成现实了——这样的吹牛我们不必打击他。比如孩子说“我就是孙悟空，一个筋斗云能翻十万八千里”，十万八千里就十万八千里吧，我们不用打击他，因为那就是他的想象。这种情况的吹牛出现在年纪比较小的时候，比如上小学以前。

孩子大一些了，上小学了，比如考试得了 97 分非说得 100 分，这是他不能接受失败这个现实。考试得了 75 分，但是自己给改成 95 分了，这很容易，但是改得很拙劣，一眼就能看出来了。这说明孩子自己接受不了这个 75 分，他很注重分数，而不是注重哪道题对了哪道题错了。一张卷子满分是 100 分，考 75 分是基本掌握了所学的内容，只是还有漏洞，发现漏洞补足就可以了，75 分也是可以接受的——但孩子看不到这些，他就知道 75 分不好，跟 100 分差那么多呢，他只有得 100 才合适。

面对这种情况，大家千万不要因为一时成绩没考好，再加上说谎就气急败坏地打骂孩子。没考好，是技术层面的事，是有知识点没掌握，这个可以慢慢补回来，不难；而说谎这件事，是心理层面的，需要我们慎重对待。毕竟，孩子说谎的心理动机是他有向上的欲望，他知道什么是好的，自己也知道这个差距。总好过他考好考坏都无所谓吧？这种情况的说谎，一方面往往是因为好多家长太看重结果，以结果为唯一准绳来评判孩子，进而导致他们在不好的结果面前非常害怕，感到有压力；另一方面则是在孩子比较小的时候，没让他体会失败。所谓“失败是成功之母”，失败之中也是有收获的，但是家长没有在失败之中让孩子得到应有的收获，而是很轻易地帮助孩子弥补了。让孩子以为失败是不可以接受的，是必须受惩罚的，所以他就用说谎来挽回了。

无论什么时候落下的功课，我们都要帮助孩子补起来。这其实也是在告诉孩子“没有人能随随便便成功”，要有好的成绩，是需要我们自己刻苦努力的。同时关于失败，我们也要让孩子有正视的勇气，要让孩子知道自己是谁，他不是万能的，失败成功都是人生的常态。方法就是我们前面讲过的，告诉孩子他失败的原因是什么，他要为这个失败负责，然后提示孩子有效的补救措施，让孩子自己实施，而不是家长代劳。

为了让孩子更能够接受这个失败，并且以此为动力，家长不妨说说自己小时候的糗事，把自己的姿态放低一点，这样可以让孩子更容易接受你的施教。

如果说话不算话？权威出场

还有一种情况，关于孩子的言而无信，这也是家长反映比较多的情况。比如我们跟孩子说你可以在玩游戏和看动画片之间做一个选择，他选择了玩游戏，可是过了一会儿他又想看电视。家长不允许就哭闹。

有一个妈妈告诉我，她都把孩子的话录下来了，可还是没用。这是自然的。就像贷款一样，如果没有抵押，放贷人把钱先给贷款人花，到还款的日子贷款人再借一笔钱还给放贷人，结果永远是贷款人在花钱，永远有人在为他的行为埋单。能不断往后顺延的承诺就不叫承诺了。最后孩子总能把家长挤到墙角，被逼无奈的家长只好动用武力来解决。

那么，关于孩子的承诺，他做不到应该怎么办？如果家里建立了良好的家庭秩序，有家庭权威，确立了家庭法官的话，问题就非常好解决了。不遵守约定，父母没辙，那就动用权威了，在权威面前，是没有条件可讲的。权威会告诉他违反哪条就得有相应的处罚措施，跟成年人开车违章要被扣分罚钱一样，警察照章办事不需要武力解决。

9. 孩子做事大意毛糙？提高整理力

孩子的成长是个漫长的过程，各种能力都在发展，做事有漏洞是可以理解的。有漏洞就让他付出辛苦和努力去弥补，我们不能一味地跟在孩子身后查漏补缺。

提高整理力，提高生活质量

我发现很多人东西放哪儿靠的是“记”，“燃气卡记得放抽屉了”“身份证记得放钱包了”……一旦记的东西太多，找东西就要靠瞎翻了，所以不少人房间会乱糟糟的。我也不太理解有些人背的大书包，那个书包就像麻袋似的，里面不分层，也没有小袋子，所以找什么东西都是一阵乱翻，就像在地里刨白薯一样，找个钥匙去里面刨，掏支笔也要翻半天。这跟我的习惯不一样。我的东西是有固定位置的，比如笔和本子应该在书桌上，马克杯应该在厨房，玻璃杯应该在客厅，钥匙肯定在门厅的小几上。因为从小我父母就教育我，这个物品是我的，我就要对它负责。怎么负责呢？我要负责收拾，负责保护，负责管理，给它专属的位置，这就是整理的能力。得益于从小拥有的这种整理能力，我的生活非常轻松有条理。如果孩子从小能养成这样的整理力，对他一辈子的生活质量都能有正面影响。

整理力特别差的孩子做起事情来，会比较没有章法。我们医院里，在年轻大夫身上，这一点就表现得特别明显。年轻的大夫，他可能书读得很好，很扎实，他要管一个病人也会管得很好，但要他同时管七八个病人那就麻烦了。管七八个病人可不是一件简单的事情，这七八个人一个人一种病，一个人一种治疗方案，所以大夫的口袋里面会放着各种小纸条，四床病人要输什么液，五床要查什么，六床要安排手术……这些都得大夫去操心。一个人要操七八个人的心，而且又都是病人，那就乱了，尤其是夜班大夫，更是忙得焦头烂额。但是整理能力不同的人，这种管理能力也有差别。有的夜班大夫早上一来他就大呼小叫的，“哎呀我这一宿抢救啊”，你再看他帽子歪了，衣服也皱了。但有的夜班大夫不同，哪里都平平整整的，所有事情都弄得很好。在医院里，每个医生其实做抢救工作的概率都是一样的。如果我们再去看看两个人的宿舍，就会发现做事有条理的那个一定是窗明几净，而做事毛糙的那个肯定屋里乱得像遭过贼。

惜物 + 规律生活 + 规范管理，培养孩子的整理力

帮助孩子养成整理能力需要家长在平时多下功夫，让孩子懂得爱物惜物。平时可以带着孩子收拾整理玩具，引导孩子把同类玩具放在固定的地方，比如卡片放在抽屉里，小汽车放在红色整理箱，积木放在蓝色整理箱。清洗玩具、

维修玩具也要带着孩子一起做。如果孩子只管玩，收拾清理维修都归家长，孩子就不会爱惜玩具，他会认为自己对这个东西只有使用权，没有管理的义务，更没有必要为这些玩具负责任。一旦不需要负责任，自然不会爱惜。小时候对待玩具这样，长大后对待自己用的物品自然也会如此；他对物品就是拿过来就用，用完了就没他什么事情了，要用的时候就只能凭记忆到处一通乱找了。

孩子越是毛手毛脚，就越需要规律的生活。生活是有规律的，要制定好一个程序，不要老变。作为家长，不管你自己的生活有多混乱，你得让孩子的生活有程序感，有规律性。比如说晚上八点洗漱，有时候你都不用想，到那个点就去干那件事了，形成一个条件反射。但是这个规律也不能过于死板，比如周五、周六晚上可以适当晚一点睡觉。

生活是有方法的，如果方法正确，生活就会很从容。我们要一步一步地把具体步骤教给孩子，规范化地管理孩子。比如穿衣服，不管你多忙，穿衣服也得按照这个步骤走：先找领袖，找好领子，把手伸到袖子里面，然后再把扣子扣上。在这个过程中，我们要尽可能地耐心一些，做好示范的动作，让孩子可以依据步骤一步一步去干，比如收拾书包的方法，穿衣服、穿鞋等。只要做好这两点，你会发现孩子惊人的进步。

毛糙孩子更需加强自我管理

毛糙孩子非常容易出一些小纰漏，比如回家写完作业收拾东西，某一科的作业本就忘记拿了。孩子的成长是个漫长的过程，各种能力都在发展，做事有漏洞是可以理解的。有漏洞就让他付出辛苦和努力去弥补，我们不要一味地跟在孩子身后查漏补缺。你不断地收拾残局会让孩子觉得“我做事有漏洞是正常的，反正有人来给填补漏洞，有漏洞这不是我的事，我的任务就是把漏洞展示出来”。比如忘了带数学书了，打一个电话，妈妈就把数学书给送学校来了。这样就导致孩子都不知道这种行为是应该改正的。他会觉得没带数学书就像天上下雨那么自然，根本就没有弥补的意识。

要让他学会自我管理，学会为自己的事情负责。如果一件事情你给他演示过很多遍，还有漏洞，那么就得有惩罚了——就用我们之前说过的直接后果法。孩子早上上学时间都很紧张，如果你已经提示他该拿上书包去上学，但是他不拿，家长就没必要拿了，你大可走你的。走到半路他就会发现没带书包，没带书包怎么办，自己回去拿吧。至于说是不是会因为迟到而被老师批评，那都是他自己的事了。

我们有时候为孩子补漏洞补得太多了。出门的时候孩子没有拿书包，家长去帮他拿；作业本丢在家里了，家长又急忙给送到学校……日本皇储德仁太子送小公主上学时都是小公主自己拿书包，可我在周围就见过很多孩子上学，都是家长帮提着书包，孩子空手在后面跟着。虽然这个书包挺重的，但这几步路还不至于累坏他，自己背自己的书包，起码你是在告诉他，学习是他的责任，不是父母的。

孩子不惜物，爱搞破坏分两种情况

有的家长发现自己四五岁的孩子特别爱搞破坏，小汽车、小木偶各种拆、各种摔。这个年纪的孩子，搞破坏一般有两种情况：一种情况是他逻辑推理能力发展的结果。他开始有了推理的想法，他要探究原因，要追究因果关系了。比如他看到玩具小汽车的轮子转，他会想“这个为什么会转啊”，他得把轮子拆下来，看看里面是什么，是不是有个小人在操作——他开始研究事物运转的原理了，这是很好的一件事情，我们应该鼓励，不要用成人物品完整的概念去约束孩子。

还有一种情况，就是小孩发脾气，把玩具当成发泄的对象，他会拆，甚至砸。这种情况就不能任由他发展下去了。

小孩子爱砸东西发泄，反映出他的心里是有不良情绪的。如果之前他一直很安静，没有异常，突然情绪爆发出来，开始摔东西宣泄，这时候制止是制止不了的。如果东西比较贵重，那就武力抢过来；如果东西不贵重，那就淡化这件事，让他摔。我们千万不要很激动地说“不能这样啊”，火山已经爆发出来了，想按住那不可能；如果我们强行制止了，孩子反而宣泄得不痛快，下次宣泄行为极有可能升级。

孩子宣泄的时候，我们可以冷处理，装作看不见，等到他发泄完了以后，再带着他去收拾残局。让他知道，这次你摔坏了你最心爱的东西，让他深切体验这个后果的痛，把损失算在他的头上，让他去承受。千万不要因为东西摔坏了就再去买一个，这种做法才是真正的纵容。如果买了就等于告诉他，东西坏了没关系还能补偿，那他就会不负责任地去破坏这个世界。他的破坏行为会不断升级，一直升到他承受不了，家长也收拾不了的程度。

除了当时冷处理外，事后等孩子情绪平复，我们要教给孩子一些正确发泄情绪的方法。当然这个不是用说话来教，得给他示范让他模仿，比如到游乐场去大喊大叫，这种机会不多，但是遛狗的时候可以追着狗大喊，可以在运动场做运动，也可以大声地唱歌，这些都是很好的宣泄途径……我常教我家孩子做的就是深呼吸加心理暗示。我会说："来跟妈妈一起深深呼出一口气，呼出去的是生气、要发火的空气；再来吸进一口气，吸进来的是舒服的、高兴的空气……"慢慢地他就掌握了正确宣泄情绪的方法，心情舒畅了，孩子自然就不会随便破坏东西了。

10. 爱哭的小孩没糖吃

我们要让孩子明白，自己不是宇宙的中心，地球也不是围着他转的，所以被忽视、被冷落，或者意见没被采纳都很正常，也不用觉得委屈。

因敏感而哭泣，让孩子找到自己的位置

有一种人特别敏感，特别脆弱，像林黛玉一样，你没有欺负他，忽视他，她还是觉得很委屈。这种敏感的性格是由她成长环境造成的。她一出生，就得到全家人的呵护。如果她说一句话，父母没有接着她说，她就会觉得被忽视，常常偷偷掉眼泪。有一回她喊舅舅，舅舅没听到没有回应，她就躲在墙角默默掉眼泪。姥姥立刻就带着她问舅舅，让舅舅给他道歉，这事才算完。细想我们身边这样对待孩子的父母也不少，看起来哄着孩子不哭了，但我们得在他心中种下一个多强大的自我啊。

孩子应该明白，自己不是宇宙的中心，地球也不是围着他转的，人与人是平等的，所以被忽视、被冷落，或者意见没被采纳都很正常，也不用觉得委屈。

因此，当我们发现孩子偷偷掉眼泪的时候，我们最好扮演一个耐心的倾听者。我们可以这样做：第一，听他讲讲哭泣的原因，他为什么掉眼泪，比如因为舅舅没有回应而掉眼泪。第二，我们帮他一起想办法。舅舅没听见，怎样才可以让他听见呢？比如，可以大声喊，或者走近一些叫他，或者拽舅舅的裤腿。我们这样做，都是试图让孩子明白，通过自己的努力可以改变环境改变现实。然后，我们要给他示范正确的做法——可以带着他去找舅舅，让他自己用各种办法让舅舅回应。你可以告诉孩子第一招不行用第二招，第二招不行再用第三招，总之一定要让他知道"我通过自己的努力是可以成功的"。这样，他就有自信了，下次再遇到困难也会寻找解决途径，而不是默默掉眼泪了。

情绪不好？想哭就大哭一场

有的时候孩子就是因为有情绪而无理取闹，东不行西不行，左不行右不行，怎么都不行，他自己也不知道怎么是好了，其实他就是烦了。人的情绪是不断波动的，多小的孩子都有情绪，即使是刚从娘胎出来的新生儿也会焦虑紧张，所以才喜欢抱着妈妈的乳房。小孩你老让他愉快，老不让他宣泄也不行。大人会伤春悲秋，情绪莫名低落，小孩子同样也会情绪不好。

孩子情绪不好就会表现为烦躁不安，这说明孩子有一种积蓄了很久的憋闷，那你就给他一个宣泄的机会，他需要什么就给他什么——他需要宣泄，你就给他两巴掌，这两巴掌是导火索，让他爆发出来才能畅快。火山爆发之前，熔岩在心里面排山倒海却出不来，多难受啊！你给他一个引子，一个导火索，让他爆发出来，痛痛快快地哭一场，他心里反而舒服多了。

有时候孩子情绪不好不表现在哭闹上，而是突然间就尖叫起来，这个时候我们也要理解孩子。如果孩子闹脾气尖叫，一律都冷处理——忽视他。不要也冲他叫，也不要安慰他。他要喊就让他喊去，让他充分发泄，他宣泄完了自然会收场。如果你关注他，他的宣泄就有了一个副产品，就是“父母关爱我，关爱升级了”。这就给了他一个经验，我需要父母关爱的时候我就叫，我需要父母帮我干什么的时候我就叫——尖叫成他的一个得力手段。所以孩子宣泄就宣泄吧，谁没有发过怒呢。

河合隼雄在《孩子与恶》里说过：“孩子要成长，哭也很重要，发火也很重要，好好地体会人应该有的所有感情，才能成为一个情感丰富的人。发怒也和笑一样，具有开拓新领域的力量。或者我们可以说，孩子想要急速地扩展自己的世界时，会产生发怒的感情。”对于这个大家应该都有体会，比如孩子在从事一个新的游戏或者项目时，他想做但是做不好，往往会放声大哭，或者干脆把玩具给砸了扔了，做这种破坏性的事情。这个时候，我们不要急于阻止孩子哄他别哭，为自己图清静图省事，也不要去批评孩子的不冷静和破坏物品，而应该找到孩子愤怒的真正原因，与他一起面对。他不是做不好吗，不是还在尝试吗？那就激励他。比如，你跟他说：“孩子，遇到困难很正常，困难是啥呀？是我们游戏里的怪兽啊，我们要不要打败怪兽？如果要的话，我们就要反复练习本领，等我们本领大了，这个怪兽就被我们消灭啦。”于是，他既不会为自己的无理行为感到懊悔，也不会因为困难而不敢再从事这个项目了。

对于孩子所有激烈的情绪，我们都要努力泰然处之，尽量不要被孩子的情绪带着走，跟他对抗，也不要简单地把孩子“哄”得“很乖”“很听话”。家长总习惯孩子是快乐的，不允许他有什么不好的表现，但只要是活着的人情绪就有变化。你不许孩子叫，不许他发脾气，就等于不许女人哭，不许老头打盹。老头就是爱打盹，老太太就是爱唠叨，女人就是爱哭，孩子就是爱喊，这是他们的特点，你非要让大家步调一致这是不可能的。

11.“受气包”or“小霸王”，追因都是社交技巧差

家长看到孩子受欺负，会痛心疾首地让孩子打回去。但如果孩子个子小力气弱呢？其实更有效的办法是教给孩子认识自己在群体中的序位。

孩子老被欺负，是个小小“受气包”

有个妈妈曾心急如焚地咨询我，说她家小孩经常受欺负，上幼儿园被小朋友打得青一块紫一块，在小区玩就有孩子将尿浇在孩子的身上，问我应该怎么办。我也是当妈妈的，这位妈妈的心情我非常理解，但是这个题目其实还挺复杂的。

我认识一个孩子手特别笨，每天中午睡醒了，别的小孩都自己穿鞋，但是他却坐在那儿喊：“谁帮我穿鞋啊？”很快就有个热心的小姑娘过来了，“我帮你穿”，然后老师表扬了这个小女孩。这样一来，为了得到老师的表扬，明天就有两个给手笨的小孩穿鞋，后天就有三个。小孩子天生就有同情心，道德感也会慢慢建立，所以非常容易同情弱者，并且弱者也给别人创造了一个道德自

我满足的条件，一个受表扬的条件，并不会招人恨。

家长看到孩子受欺负，会痛心疾首地让孩子打回去。但如果孩子个子小力气弱呢？其实更有效的办法是教给孩子认识自己在群体中的序位。既然打不过，就承认这个现实，承认自己在打架这方面是弱势群体，肯定会有群体中的强者拔刀相助。如果孩子明明打不过还要打，并且拒绝其他人的帮忙，就只能被欺负了。也就是说，上面说的那个总被欺负的孩子，我们可以教他在班级里面建立同盟关系——你弱，就得拉强的保护你，可人家为什么要保护你呢，因为你把他当成大哥哥似的，很尊重他，排序位的时候他就是你的上级。

另外，我们也要考虑孩子的能力发展水平。如果孩子因为生长节奏慢或者缺乏锻炼，出现运动能力弱，或者人际交往能力弱，或者语言发育能力弱等情况，那我们就要想办法给孩子补课，哪项弱就补哪项。

我见过一件特别极端的事情：一个班主任抱住一个小孩，让全班同学打他。这个班主任的做法非常可恶，可他为什么要做这样恶毒的事情呢？当我们仔细分析这个孩子的行为后会发现，如果不是因为他自己某些不得体的行为，他的人际关系也不会如此糟糕。比如别人叫他他不理人家，还翻白眼；或者人家不理他他还老叫人家，招别人烦。这其实就是孩子社交技巧不成熟。

还有一种情况是小孩的“统合功能”不良。正常人可以将感情和动作协调起来表达一个意思或者情绪，但有的孩子这种能力就比较差。小孩子之间的沟通 60% 都靠肢体语言，不是靠口头表达，比如孩子想跟别人表示友好，他可能就过去搂人家脖子，如果这时候他的统合功能差，出手没有轻重，力度太大，对方感觉要被勒死似的，收到的是不友好的信息，可能回头就反击一拳。被打的小孩肯定一肚子委屈，“我跟你这么友好，你还打我一拳”，他在情感上的挫败肯定非常大。被打击多了，这个小孩自然就会对别人产生敌对的心理，他的心理逻辑就是，“我对你那么友好可你却打了我一拳，所以回头都给你玩点坏的”。因此，他常常玩一些蔫坏的事，比如偷偷把别人的作业本藏起来，趁人不注意弄坏人家心爱的文具，等等，这样的事情一多，他就成了一个被团体成员讨厌的小孩了。所以，当自家小孩老被欺负的时候，我们家长除了心疼之外，最好多观察观察自己的小孩，是不是他的眼神、他一些不经意的动作惹恼了别人在先。

如果孩子是统合功能不良，家长是能够发现的，比如动作的力度掌握不好，下手没轻没重，如果我们怀疑孩子统合功能不良，那就应该带着孩子去做一些专业的训练。如果孩子是因为社交技巧不成熟，我们就要教给他正确的社交技巧，让他掌握与不同人相处的方法。很明显，跟比自己能力强的和比自己能力弱的人交往，方法是不一样的。同时要建立良好的家庭秩序，让孩子能顺利地找到并接受自己在群体中的位置。

孩子攻击性特别强，是个“小霸王”

孩子被人欺负，家长担心；但孩子攻击性强，家长也不省心。当然，谈孩子的攻击性我们也要看年龄。由于人类的群居属性，孩子们一般对外人是友好的。孩子在两三岁的时候，没有关于朋友间该如何相处的概念，跟别人初次交流时，技术上会不成熟，难免会引发很多冲突。两个两岁的小孩在一起可能会出现一种冲突，就是经常有一方把另一方一拽拽个大跟头。这种情况很多见，比如搂一下就把别的孩子搂倒了，或者是孩子抓别人没抓到，自己反而栽了一个跟头，有的家长就觉得那个孩子攻击性强，自家孩子受欺负了。其实那个年龄段的孩子不管是谁拽了谁一下，谁碰了谁一下，都谈不上攻击，都是小孩子稳定性不好造成的。

也有的孩子，他确实好斗，确实攻击性很强。原因可能就是小时候交往技术不成熟，家长也没有教会他很好的技术，他被孤立了。有的孩子有一些要求家长不理解，比如他想去游乐园，但家长却带他去了博物馆，他自己又说不清楚，这种冲突就会升级，于是他通过大哭大闹达到了去游乐园的目的。他把在家里和父母相处的经验带到小朋友当中了，小朋友肯定不会迁就他，慢慢地他就被小朋友孤立了，他对小朋友也产生了一种敌对的情绪。孩子都会有一种与别人友好交往的需求，但是别人不接纳他，他感觉非常孤独。如果同时他又有身体上的优势，比如个子比较高，力气比较大，那极有可能就变成一个用攻击的方式来得到大家关注的孩子。

一开始，他也会试图用友好的方式与人相处，但他缺乏技巧，对方不理解他的意图，没有回应。这个办法不行，他就用另外一种对他来说更简单的办法——用拳头来解决，你不跟我好我就对你用武力。对方因为他的武力威胁，只能答应他的要求。这样的经验告诉他，任何事情只要付诸武力，就能顺利解决，渐渐地他的攻击性就会越来越强。

如果孩子三四岁了，攻击性还很强的话，家长做的事情不是以暴制暴。有的家长因为自己的孩子打了别人的孩子，为了教育他会把孩子打一顿，可这并不是很好的解决办法。那我们究竟该如何做呢？

如果你的孩子打了别人，你得先对别人有所表示，应该先向对方表示歉意。接着，要教给孩子怎么与别人相处。孩子之间，不管谁打谁，虽然不会出现大事，但是大人的态度更重要。孩子打人实际上就是没有学会交往技巧，他的本意还是需要找别人玩，所以一定要告诉他，“你打了小朋友，小朋友就不跟你玩了，我也不跟你玩了”，于是他会觉得自己的力气用错了地方。如果被打的孩子走了，但是家长还陪着打人的孩子玩，打人的孩子会觉得挺好，有人玩就行了。本来打人是一种不良的行为，但这种不良行为的后果没有落到他头上，家长为他化解了。因此，对他的惩罚是必要的，要让他去承担直接后果——谁也不跟他玩了。这种孤独感他承受不了，自然会慢慢收敛他的暴力，改变他的行为模式。

总之，不管你的孩子是被欺负了，还是欺负别人了，都不能让孩子间的交往中止——这是前提。

Chapter 3

积极养育，让孩子拥有阳光性格

每个孩子都是独特的，他们都拥有鲜明的个性。对不同性格的孩子，我们都应尊重，并找到适合他们性格的教育方法，积极引导。

1. 依恋关系 VS 独立精神

父母和孩子之间的依恋关系非常重要，牢固的依恋关系可以给孩子提供强大的心理支撑，但依恋关系不是依赖关系，父母还应逐渐培养孩子的独立性，在与孩子依恋和让孩子独立之间寻找一个黄金平衡点。

受西方家庭教育观念的影响，现在我们国家的父母也开始重视孩子的独立性了。我经常见到，孩子跌倒了，家长不去扶，让孩子自己起来的情况。但是有的父母在践行这个观念时，还是有些忐忑：是不是有时候对孩子太冷酷了呢？这样会不会让他没有安全感？我对他这么冷酷，还需要让他对我依恋吗？这些问题着实困扰着很多父母。

依恋关系牢固，人才有自信

首先，孩子是一个社会人，在这个社会里要有自己的心理支撑。老人为什么愿意子孙满堂？凡是群居动物，在心理上都需要被群体成员认可，这样心理才有归属感和安全感，做事才有自信心。

3 岁之前，孩子亦步亦趋地追随模仿家长，家长的怀抱、家庭的存在就是孩子的心灵归属。3 岁之后孩子开始有自己的独立意识，但行为模式已经定型，这个型也是建立在模仿家长的基础上。上小学后，同学的认可可以使孩子有群体归属感，而在群体中得到荣誉，才能确立自己在群体中的地位，才可以使心理归属感更加稳定。出于这种追求归属感的本能，孩子会不断付出努力，取得进步。

其次，父母跟孩子的依恋关系也能给他一种心理支撑。这种“心理支撑”可以让孩子确信，父母是他的后盾，当他有难处时，父母会义无反顾地来帮助他，这样他的自信心就会更强。怀揣着这种自信成长的人，一般就活得比较坦然，人际交往也就会更顺利。

父母家庭带给我们的归属感到底有多大，看看咱们国家每年春运的盛况就知道了。过春节的时候回家多艰难啊，但我们还是会克服各种困难，无论是骑摩托车、坐火车、坐汽车还是坐船，坐火车时站 10 个小时还是站 20 个小时，我们都义无反顾地奔向家的方向。好像人一回到老家，就焦虑全无，连周身的汗毛孔都舒畅无比。

依恋关系不牢固，人容易没安全感

相反，如果人失去所有的依恋关系，或者是和亲人的依恋关系建立得不牢固，他就可能没有安全感，敞开心扉与人交往就会比较难，心理防备也会比较强。像小时候总是寄人篱下的人，长大后一般就会生活得很压抑，还总会看别人脸色。最典型的例子就是林黛玉。

林黛玉在诗里写“一年三百六十日，风刀霜剑严相逼”，在风和日丽的春色里，她感觉到的是“严相逼”，可事实上，谁逼她了？整篇《红楼梦》从第一个字看到最后一个字，哪个人逼她了？下人不敢逼，亲人不敢逼，挨不着边的人也没理由逼她，那她为什么觉得有人逼她了？因为她从老家来到贾府，一下脱离了自己的家乡，环境变了，文化背景变了，父母也不在了，所以她没有牢固的依恋关系给她提供强大的心理支撑，唯一称得上有依恋关系的紫鹃又人微言轻，所以她在贾府活得就很压抑。

在旁人看来的锦衣玉食在黛玉眼里都是“严相逼”的工具，没有任何幸福感可言。因此，要让孩子未来生活得幸福快乐，真不在于留了多少财产，而在于最初几年，你有没有为他注入这种心理能量，让他时刻感觉到，“不怕不怕，有爸妈在呢”。而和孩子建立依恋关系，最忌讳将孩子像一个包袱似的，扔来扔去，奶奶家待几天，姥姥家待几天，姑姑家放两天，舅舅家放两天。并不是这些成人对孩子不够疼爱，而是环境变化太快，使他很难适应；而且他和这个亲人的依恋关系刚建立起来，就要再换一个亲人带他。他就会有被抛弃的感觉，也很难建立安全感，就像没有故乡一样。

当孩子从奶奶家送到姥姥家或从姥姥家送到奶奶家时，他已经习惯和奶奶或姥姥的相处了，会非常依恋他们。这时父母若骗孩子说奶奶或姥姥第二天会来找他，而事实上第二天根本就不来，他不仅会感觉被抛弃，还会觉得受了欺骗，这就使他潜意识里增加了对人的防备。有的人心理很阴暗，很大程度是因为小时候受过伤害，跟人的依恋关系不牢固。流浪汉一般戒备心都强，他们没有固定的依恋关系，没有故乡可以成为精神上的家园。

但是依恋关系并不等同于依赖关系。

依恋关系不是依赖关系

现在总有这样一群成年男性，我们戏称他们为“奶瓶男”。他什么事都告诉妈妈，有问题解决不了也找妈妈，即使是跟女朋友闹矛盾，也要第一时间告诉妈妈。这样的男孩子跟女朋友相处一般很难长久。这个道理很简单，谁想让自己男朋友的眼睛里全是他妈啊！

在我的诊所里，我见过很多这样的孩子。有时候是妈妈单独过来咨询。在提到孩子时，这类妈妈通常满嘴都是我们那个孩子怎么样。这时候，我就会问她孩子的年龄。她说 28 了，我趁机纠正，并且告诉她，“我需要跟主体说话，你不是主体，让你儿子自己过来，他已经是成年人了”。虽然在妈妈眼中自己的孩子永远都长不大，但是社会会把他当孩子看吗？当他的工作、朋友、家人方方面面都需要他付出更多、承担更多时，他那被妈妈保护得过于娇嫩的肩膀扛得起来吗？

现在有很多孩子和父母有一种分离焦虑，一会儿看不见妈妈就哭。这也属于过度依赖。如果孩子是一两岁，看不见妈妈不行，属于正常；要是到四五岁，看不见妈妈还那么紧张了，那就有过度依赖的心理了。比如妈妈在家，但是在卧室，孩子都不敢自己去厕所，我们成人就该找找自己的原因了。

为什么会这样呢？一是因为他习惯了妈妈在旁边；二是因为他不相信自己

的能力，因为父母（尤其是妈妈）就没让孩子自己独立完成过什么事。

当孩子想独立去做事情的时候，我们因为疼爱、想保护的缘故，不给他们尝试的机会，时间久了，他的世界里就只有你，只能依赖你，也就不奇怪了。他出去不会跟小朋友交往，容易遇到障碍，比如小朋友把他的东西抢跑了，自己不会处理，于是他认为，还是回家吧，妈妈能给他安全感。这种依赖关系，可能会从四五岁一直持续到青春期。长大以后，他可能想跟一个女孩子交往，但是总不得其法。当他终于鼓足勇气试了一次，若被拒绝的话，就可能留下尴尬的记忆，觉得还是跟母亲在一起比较有安全感。我在临床上见过，有的男人四十多岁了，跟妈妈说起话来还黏黏糊糊像个小孩。还有就是北京中山公园周末举办相亲活动，经常是做妈的带着孩子的照片来跟另一个做妈的相亲。我们旁观者可能会觉得不可思议，但这种现象居然很普遍。

逐步培养孩子的独立性

父母应该积极培养孩子的独立性，但培养的过程不应操之过急，应循序渐进。如果给他不可能完成的任务，或者是对他来说太难的任务，这可能让他产生恐惧心理，反而不好。最好选择一些对他们来说有点困难的，但是通过努力可以完成的任务。

父母和孩子分离的过程也应该循序渐进，比如培养孩子独立睡觉。过去咱们中国大部分家庭的习惯是这样的：一开始孩子和父母在一个被窝里；然后是两个被窝一张床；再然后是两张床，一个房间；再然后就是两个房间。当然，现在更主张一开始跟孩子同房不同床，到后面慢慢过渡到分房睡觉。具体哪种更好，咱们先不讨论，重要的是要有分离，其次分离是慢慢进行的。

在上幼儿园之前，家长应该有意识地每天和孩子分开一段时间，让他逐渐适应和家长分开的状态。可以通过游戏来完成这个过程，比如小孩最爱玩捉迷藏的游戏，妈妈先藏起来，过一会儿又出来了，孩子就会很兴奋，觉得怎么这么奇怪呢！本来找不到妈妈了，一会儿又找到了。其实这也是分离的初步训练。

在上幼儿园之前，还要逐步培养孩子的自理能力，让孩子自己干他力所能及的事，比如每天自己学着刷牙、洗脸、脱衣服。在他能力范围之内的事情，就尽量让他做，不要怕他弄脏了衣服打翻了碟子，让他的独立性逐渐养成。

孩子入园，父母应调整好心态

小孩捕捉信息的能力特别强大，对很多事情很敏感，就像小动物一样，比如地震了，小动物通常会第一时间察觉。孩子对家长的情绪也特别敏感。如果觉得孩子进幼儿园是一件大事，并且当孩子进园时，家长满脸愁容，和孩子难舍难分，孩子进去后，家长又牵肠挂肚的。家长这样，孩子也会非常不安的，这种焦虑情绪会传染给孩子。

有的家长特别担心孩子，甚至会在孩子兜里放录音笔。其实这种担心真的非常没必要，幼儿园不是刑场，孩子在园里有问题，有老师、阿姨照看着呢。我自己把孩子送到幼儿园的时候，我就想，我家孩子终于长大啦，可以有很多跟他有共同语言的小伙伴了，有时候看他们放学后，几个小家伙在一起打打闹闹的样子我还觉得很享受很有趣呢。孩子入园对孩子来说是一件很有趣味的事情，也是他成长的里程碑。小孩能离开家长 8 个小时了，这就是孩子的成长。如果他能开开心心地从幼儿园回来，说明孩子对自己的生活有一定的控制力了。就为这一点，家长就应该欢欣鼓舞，而不是因为对孩子失去掌控而担心不已。

孩子从幼儿园回来，也不要总问，老师有没有批评你啊，小朋友有没有欺负你，你有没有吃饱啊，你有没有喝水啊，在幼儿园哭了没有啊……这些都是负向的提示。要多问他，你在幼儿园玩得还好吧，你们玩了什么游戏啊，比在家里好玩吧。也就是说，在谈话中要淡化孩子和家长分离的痛苦，肯定他的成功独立。这样孩子就会觉得自己是成功的。这种独立的成功，会激励孩子勇于探索未知世界，变得更加独立自信。

2. 孩子的社交能力是培养出来的

孩子社交时我们不仅要给他一个轻松的气氛，还要鼓励他多社交，给他创造条件。在孩子不知道如何社交的时候，我们要给孩子帮助和指导。

“从小见到老师贴着墙根走。工作后，见到领导话都说不全。”已经工作三年的小丽，向我讲述她的社交障碍时，深感苦恼。“社交能力差，简直让我的人生活得黯淡憋屈。”小丽不明白她为何会这样。

通过和她深入交谈，我帮她找到了症结：父亲的暴脾气、婶婶的尖刻。小丽的父亲脾气非常暴躁，小丽做错一点事情，他就会大声呵斥，完全不顾及当时有很多亲友在场。以至于后来她长大成人，只要做错事就会心惊肉跳。不仅如此，婶婶的尖刻让她的性格更加怯懦。有时候午夜梦回，她还能看到婶婶厌弃她的眼神，听到她向众人数落她的不是。这些都造成了她日后的自卑，尽管她读书努力，拿到了硕士学位，由于工作努力常常得到年度优秀员工奖，但她总觉得自己做得都不好，也不愿意跟人有更多的交流，尤其害怕领导，虽然她的领导们从来没有批评过她。

在长辈面前，教孩子有礼从容

孩子社交能力的高低，和孩子的性格、自尊心直接相关。所以，家长从小要注意呵护孩子的自尊心，不要对孩子横加指责，特别是当着别人的面。在社交环境中，尽量让孩子有个轻松的心情，即使做错事也尽量不当着众人的面批评，可以回去以后和孩子一起总结。有的父母对孩子要求太多，比如带孩子去朋友家做客，孩子刚进屋，还没来得及喊“叔叔好”，就被家长指责，“怎么不把鞋脱了啊”，或者是被指责叫人的声音小。家长越这样，孩子就越会在社交场合紧张，一紧张就更不会说话，这样便导致恶性循环。

孩子社交时我们不仅要给他一个轻松的气氛，还要鼓励他多社交，给他创造条件。在孩子不知道如何社交的时候，我们要给孩子帮助和指导。比如带孩子去朋友家，孩子腼腆不知道怎么办时，父母应该尊重孩子，将朋友介绍给孩子，告诉孩子这些长辈他应该如何称呼。当孩子称呼这些长辈时，这些长辈也要热情回应，以此来鼓励孩子勇于社交。

西方在万圣节时，有一个很好的风俗。在那天，除了每家都装饰得诡异恐怖，每个人可以随意打扮成一个电影或电视的角色外，小孩子还可以拿着袋子去敲别人的门，要糖吃。主人开门后他们都会说，“Trick or treat”，这时主人就会给糖果。虽然现在糖果不是稀奇东西了，但孩子一般还是会对要来的糖果格外珍惜，因为这是他们劳动的成果。这种活动就非常好，鼓励了孩子去社交。

我们国家没有这样的风俗，但是父母可以有意识地组织一些活动让孩子多来往，并在活动过程中，让孩子们分工完成一些简单的任务，比如买饮料、分发水果等。

创造条件，让孩子与同龄人建立友谊

父母还可以多和有孩子的朋友一起出游，给孩子们创造机会让他们建立友谊。心理学家托马斯·伯恩特说："一个孩子只有经常和朋友们在一起，才能增进彼此友谊。"当孩子最初进入同龄人圈时，有很多内在法则，起初孩子可能会不懂，这时父母要进行必要的指导。

当进入团体游戏时，有的孩子不知道大家一起玩的概念，就会想着独占游戏。这时，父母要告诉孩子，大家需要轮流玩，孩子们要按照顺序，你玩一会儿他再玩一会儿，不能独占。孩子在这个过程中，也要学会沟通，要了解别人的想法，不能一意孤行。当孩子因为不懂规则被拒绝时，我们应该教给孩子正确社交的办法，而不是转身带孩子离开。我们可以先跟自己的孩子讲清楚规则，再试着跟团体的"带头人"沟通，希望他们能接纳新人扩大队伍。总之，我们可以尝试的方法还有很多。有一点最重要的是，我们成人应该成为孩子社交的推动者，是桥梁，而不是保护屏障。

当孩子想跟别的孩子一起玩游戏时，父母可以教孩子询问："我可以跟你们一起玩吗？"这就帮孩子迈出了社交的一大步。父母还要教会孩子友好，比如别的小朋友想跟他们玩时，要同意别人参与进来，并友好地告诉别人游戏怎么玩。因为只有这样彼此友好，友情才能更进一步。

3. 让孩子有颗勇敢的心

人生一辈子，会有很多困难需要面对。小时候走路时会摔倒；生病去医院吃药会苦，打针会疼；上学了早上起很早，会不愿意起；长大了考大学，还可能落榜……长大不容易，人生不容易。所以，父母必须培养孩子勇敢的品质，让他勇于面对人生的困难。

“他见到树就很害怕，特别是一排排的松柏树。他每次看到都不敢经过，还用两手抱着头。”当这对年轻夫妇给我讲述他 4 岁儿子胆小的经历时，满脸愁苦。

其实，心理学研究显示，婴儿只对两种东西有天生的恐惧：一种是大且奇怪的声音，骤然而至；另一种是身体失去了依托而跌倒。而其他的恐惧都是后天原因导致的。

找出原因，消除孩子的恐惧感

有的父母在孩子不听话时，会吓唬孩子：“你再不听话，我就不要你了。”

“还在这儿玩呢？你看那边是什么，他把你抱走怎么办？天黑了咱们赶紧回家吧。”“你要再不听话，我就把你送给穿白大褂的啦。”正是家长这种为了哄孩子听话，对孩子的哄骗，让孩子心里产生了千奇百怪的恐惧。篇头那个怕“树”的男孩子，就是小时候受到了这样的恐吓，才对树生出了如此大的恐惧。

儿童心理学认为：“儿童产生惧怕心理的原因与成年人一样，关键的问题是成年人懂得如何去应付恐惧，而孩子们却还不知道。”所以，我们要教会孩子如何克服心理的恐惧。

要消除这些恐惧感，父母平时教孩子时要尽量耐心，要多进行正面教育，不要用吓唬的手段达到驯服孩子的目的。比如天黑了，家长想让孩子早点回家，你就告诉他：“咱们需要回家做晚饭了，如果不做晚饭，爸爸回来没有饭吃，我们都要饿肚子的。”或者在孩子生病的时候，我们可以告诉他穿白大褂的医生和护士有本事，他们会想办法把他的病治好，所以要听他们的话才行等。父母要通过摆事实、讲道理的方式，让孩子平心静气地接受意见。

一些不愉快的经历，也会让孩子对某些事情恐惧。比如，有个孩子表演时因为说错了话，被大家嘲笑，之后就再也不敢上台表演了。针对这个孩子的情况，父母应该告诉他，上台表演本身就是勇敢的事情，出错不丢人，有错就改就可以了。别的孩子嘲笑你，是他们的不对，你不用理会。下次上台表演前，仔细排练，不再出错就行了。有的孩子被猫抓伤过，就开始怕猫。这时父母要告诉孩子，猫是人类的朋友，没什么可怕的，但是和猫玩的时候要注意不要弄疼它，激怒它。面对这种失败的恐惧，我们的原则就是承认事情的真相，但给予一个有效的方法可以让这类事情以后不再发生。

还有一种是因为不了解而产生的恐惧。等真正了解了，就变得没那么恐怖了。所以，对于那个怕“树”的孩子，我建议他的父母让孩子多了解树，告诉他树是人类的朋友，它们可以给我们提供新鲜的空气，天热的时候还可以为我们挡住刺眼的阳光，让我们乘凉。我们还可以引导孩子试着去抚摸树，让他们真正感受到树并没有伤害我们。

针对孩子的恐惧感，父母还可以引导孩子多看一些教孩子克服恐惧的图画书，比较经典的有《走开，绿色大怪物》《讨厌黑夜的席奶奶》等。我还建议那个怕树的小男孩，看一下希尔弗斯坦的《爱心树》，让他感到，树木其实一直在向我们奉献，它们非常爱我们，我们跟它们是可以亲密无间的。

让孩子的勇敢，戴上荣誉勋章

人生一辈子，会有很多困难需要面对。小时候走路时会摔倒；生病去医院吃药会苦，打针会疼；上学了早上起很早，会不愿意起；长大了考大学，还可能落榜；大学毕业了，有可能一毕业就失业；找到工作了，工作可能又不顺利……长大不容易，人生不容易。孩子小时候遇到困难，如果都是家长帮助解决，那么我们又怎么能让他们拥有勇敢坚韧的品质呢？

要培养孩子勇敢的品质，家长首先态度要淡定。当孩子不小心摔倒时，他会看你的脸色，如果你一脸紧张，他就会委屈地大哭。当你很不以为意，很淡定地说：“没事，起来吧。”他就能自己爬起来，接着玩。久而久之，孩子就会变得越来越皮实，也就是抗摔打能力增强。其次，在方法上，对孩子要放手，不要事事帮他们做，让他们在实践中培养克服困难的勇气。

在培养孩子勇敢的品质时，父母还可以对孩子的勇敢行为进行表彰，以鼓励他继续勇敢。比如孩子生病了需要去打针，打针很疼，孩子很害怕。这时，你提前和他说好：“打针是有点疼，但是忍过去你就是男子汉，就是勇敢的孩子，并且，你忍过去大夫还会奖励你的勇敢。”父母可以提前和大夫商量好，如果孩子打针不哭，大夫就奖励孩子一块巧克力，可以让孩子去医院的小卖部领，父母可以先付了买巧克力的钱。

如果孩子忍住了没哭，还拿到了勇敢的奖励。这相当于得到了大家的认可，得到了全家人的认可，还得到了医生以及小卖部阿姨的认可。这对他来说是一种荣誉，打针吃药也变成了痛并快乐的事了。孩子勇敢的意志也就慢慢培养起来了。

4. 如何纠正孩子的嫉妒

怎样将嫉妒转成不嫉妒呢？其实，只有别人剥夺了我的东西，我才会嫉妒他。反过来说，如果对方是我要保护的，我就不会嫉妒他。

孩子在成长过程中，很多时候可能会有嫉妒心理，像自己妈妈抱了别的孩子，家里多了弟弟妹妹，小朋友的玩具比自己的好，幼儿园老师更爱别的孩子等。加拿大的一项研究表明，3 个月大的婴儿已经能表现出明显的嫉妒心理了，这是儿童成长过程中自然出现的心理现象。尽管如此，如果放任孩子的嫉妒心发展，家长没有进行很好的引导，这种负面情绪就会影响孩子的身心健康和社会化。所以，当父母发现孩子有比较强烈的嫉妒心理时，应该设法进行疏导。

比肩嫉妒，二胎父母只需摆正位置

“比肩嫉妒”就是孩子一种典型的嫉妒类型。家里突然多了一个父母同样无比疼爱的弟弟妹妹，很多孩子在心理上接受不了，觉得他们抢了自己的爸爸妈妈。严重一点的，甚至无缘由地打骂弟弟妹妹。我们诊室就来过很多这样的小朋友。他们几乎都表达过不喜欢或者讨厌弟弟妹妹的情绪。这种情绪往往借由一次与老二的矛盾彻底爆发出来。比如自己的玩具被老二弄坏了，如果这时父母处理不当，便会在他心里留下“爸妈偏心”“爸妈不再爱我”的印象，对老二的嫉妒也会日渐发酵。

以前家里的孩子多，兄弟姐妹排起来，老大挨着老二，老二挨着老三，挨着的兄弟姐妹之间的嫉妒，就叫“比肩嫉妒”。一般来讲，老大是不会嫉妒老六的。为什么离得近的比较容易嫉妒？因为离得近的容易发生资源冲突。现在虽然孩子没那么多了，但是生了二胎的家庭也可能出现这个问题。

“比肩嫉妒”也叫“丛林法则”，这其实是人作为动物的一种本能，小狗也是这样的。一堆人遛狗，狗玩狗的，主人在一块聊天。如果主人把别人的狗抱起来逗弄一下，自家的狗马上就会跑过来，踢腾着表示反对，非得把别人家的狗从主人的怀抱中抗议下来。这种动物的本性，孩子身上也有。

那么怎么将比肩嫉妒转成不嫉妒呢？其实，只有别人剥夺了我的东西，我才会嫉妒他。反过来说，如果对方是我要保护的，我就不会嫉妒他。因为我同情他、爱护他，他得到的越多，我就越享受。我和他的关系是爱的施与和接受的关系。就像总经理可能会嫉妒一个即将要升为总经理的人，但是他绝对不会嫉妒对他地位没有威胁的人。给贫困地区捐款的人，看到贫困家庭生活得越好，他心里越舒服，而绝不会嫉妒这个贫困家庭。

所以，家长得摆正两个孩子的位置，让哥哥知道，他有责任爱护弟弟。培养哥哥对弟弟的爱心和责任感，可以从引导他帮弟弟做一点小事开始。比如，在照顾弟弟时，妈妈可以跟哥哥说，“妈妈这会儿忙得脱不开身，请帮弟弟把尿布拿来”，家长一定要表达一种需要，而不是命令，更不要用“你是哥哥，你有责任照顾他”这样的话进行说教。如果你把对他的需要表达出来，这时哥哥就会觉得自己有能力为弟弟服务，同时也有能力帮助妈妈，他会觉得自己身上有责任，并且也会为自己能够承担这个责任自豪。哥哥照顾弟弟多了，对弟弟的爱心就培养起来了。

幼儿园里，消除小朋友间的嫉妒

除了比肩嫉妒，孩子去幼儿园时，也容易嫉妒幼儿园阿姨对别的小朋友的爱。在独生子女的眼中，大人所有的爱都应该给他。在家里就是这样，爸爸妈妈爷爷奶奶姥姥姥爷都爱我，甚至舅舅和姑姑都爱我。到了幼儿园，他认为老师也应该是只爱我的，爱别人就不对。但是老师的爱是一视同仁的，这样孩子就接受不了。

孩子的这种思想其实很正常，老师只要注意调节，就很快能使孩子消除这种心理。怎么帮他们消除呢？同消除兄弟姐妹之间的嫉妒的方法一样，也可以帮助同学之间建立给予爱和接受爱的关系，并且爱是相互的。在这件事情上小朋友A给小朋友B施与了爱，在另一件事情上小朋友B又给小朋友A提供了帮助。比如，大家都去接水，小个子挤不进去，大个子就可以帮助小个子。反过来说，大个子系不上鞋带，可能小个子就能很快系好鞋带。或者大个子找不到鞋，小个子钻床底找鞋就很方便，这时候小个子就可以帮大个子。这种帮助与被帮助的关系，就可以使人消除嫉妒了。

老师可以去促成这种帮助与被帮助的关系。小朋友 A 有困难了，老师可以让小朋友 B 去帮助小朋友 A。小朋友 A 接受帮助后，老师一定要引导他对小朋友 B 表示感谢。这样，不仅可以让他们建立相互关爱的关系，还可以让小朋友产生荣誉感，觉得老师信任他，同学也信任他。

除了以上两种情况，孩子还可能嫉妒别的小朋友有更好玩的玩具，或者孩子更大一点时嫉妒别的孩子成绩好，等等。

因为现在的孩子大多数是独生子女，他们在家庭中受到的表扬太多了，他们会认为这种表扬应该永远属于自己，有人比他强一点点，他就接受不了了。所以，我们平时在表扬孩子时，一定要注意，尽量对孩子的具体行为进行夸奖，而不是笼统地夸，比如可以夸孩子“你真爱干净”或者是“你真勤快”，最好不要夸“你真棒”“你真漂亮之类的”。如果亲朋好友对孩子笼统的夸奖多了，家长可以给孩子解释一下。比如今天一位阿姨夸孩子漂亮，家长可以这样解释：今天阿姨夸你棒，是因为你今天把衣服洗得干净……并且，平时教育孩子时，要强调他跟自己比，强化纵向比较，淡化横向比较，比如夸奖他今天的自己比昨天进步了。

此外，我们自己对言行也要加以注意，跟别人家的孩子不争不比，更不要总说“×× 孩子真是好”或者“×× 孩子比你强”之类。在这样环境下成长起来的孩子，要么缺乏自信，要么特别争强好胜，爱嫉妒别人，很难拥有平和的心态。

5. 爱的教育，从养宠物开始

养小动物有很多益处，不仅能激发孩子的爱心，培养他们的耐心，还能锻炼孩子的交际能力，但前提是家长要和孩子明确好关于养宠物的分工。

孩子和小动物之间的感情是与生俱来的。孩子总是被小动物吸引，我们家孙子就特别喜欢小动物，尤其是小狗。即使他只是远远地看见一只小狗，就会兴奋得手舞足蹈。关于要不要让孩子养宠物，很多父母咨询过我。他们的顾虑主要在于卫生方面，怕孩子因为动物患上过敏症。

其实，这些都是不必要的顾虑。美国的一项研究还发现，长期和猫、狗泡在一起的儿童反而比刚开始养宠物的儿童更不易患上过敏症。在对猫过敏的儿童中，80% 从来没有在家里养过猫。让孩子很小就暴露在微生物和细菌周围，可以较早激活身体里潜在的抗过敏机制，会减少日后发展成过敏者的机会。丹麦对 24000 个养宠物的家庭研究发现，与兄弟姐妹或宠物一起长大的孩子，患严重过敏症的情况极少。

不仅如此，养小动物还可以增强孩子的免疫力。因为养了小动物，无形之中孩子就和它一起增加了很多运动量。英国一项研究发现，家中养狗的孩子平均每周要比不养的孩子多一小时的运动量。孩子运动量大了，心肺器官就会更强健，进而就提高了免疫力，遇到一些小病小灾也能不药而愈。

养小动物还可以使孩子养成良好的性格。因为拥有宠物的小朋友更能结识到新朋友。我和小孙子一起去遛狗的时候，总能吸引到别的小朋友过来和我小孙子玩耍。英国也有研究结果表明，饲养伴侣动物越多，孩子社交承受能力越强。

孩子和小动物还可以进行心灵沟通。有时候孩子受了委屈，小动物会给他安慰，会听他倾诉，会陪伴着他。有很多小朋友考试没考好，回家就抱着宠物。宠物毫无保留地给予儿童所需的关注，这能使儿童得到抚慰。

小动物还可以激发孩子的爱心。小动物渴了饿了，会比较黏人，会围着主人的脚转。这样小动物就会打动主人，让主人去帮助他。宠物有激发人爱它的能力。小动物整天和孩子在一起，也能激发孩子对它们的爱。孩子在喂养小动物的过程中，能体会到很强的责任感，感受到施与爱的快乐和幸福。现在孩子大多是独生子女，生活在一个被关心爱护的环境中，不知道用什么方式去爱别人。养小动物的过程，就是培养爱的能力的过程。

要注意的是，家长在带宠物回家之前，要跟孩子讲好，照顾宠物以后就是他的责任。不能是宠物带回来了，吃喝拉撒全是家长管，孩子只是跟宠物玩耍，那就没有意义了。只有孩子亲自照顾宠物，他才能学会照顾弱小，培养出责任感。

尽管养宠物益处多，但也有一些注意事项，比如关于卫生。孩子每次和小动物近距离玩耍后，家长一定要注意帮他们或督促他们洗手，不要让宠物接触食物，定期带宠物去医院驱虫，另外，孩子带宠物比如小狗出去的时候，大人一定要做好监护，监督孩子注意交通安全。这样，孩子才能在宠物的陪伴下健康成长。

6. 了解孩子的个性，因材施教

父母应通过深度观察孩子，更多地了解孩子，根据孩子的性格，使用不同的教育方法，这样才能更有效。

孩子是独立的个体，有独特的性格秉赋。所谓“龙生九子，各有不同”，即使是兄弟姐妹之间，每个孩子独特的个性都很明显。对不同性格的孩子，我们都要尊重。有的父母会根据自己的喜好，试图塑造或改变孩子的性格，这样做是非常没有必要的。有的孩子天性就活泼，有的生来就安静，这个无法改变。但是，父母可以通过深度观察孩子，更多地了解孩子，根据孩子的性格，使用不同的教育方法进行引导。

不同的性格，不同的教育方法

有的孩子天生胆大，在孩子们中间是一呼百应型，往往非常有主见，什么事都要听他的，脾气倔强，很难被说服，并且体力特别好。这样的孩子思维活跃有主见，天生具有领导特质。这种性格中的优势，我们要鼓励并强化。比如，平时我们可以给孩子布置一些有挑战性的任务让他得到更多的锻炼；对于一些事情的决定权可以多交给他，让他更加有成就感；平时跟他聊天，也要向他表达你的信赖，给他类似于“幸好有你”“今天多亏了你”之类的肯定。

但是这样的孩子闯起祸来，也是毫不犹豫的，所以也要适当进行严格教育。最好的办法是制定规则并严格执行。比如，当孩子提出无理要求时，要坚决拒绝，不能因为他的哭闹而妥协，要不然他会见缝插针，以后还会提出无理要求。但是，在制止孩子的时候要注意方法。有的父母会选择大声吼叫甚至打骂，这除了会让孩子惧怕外，并不能对他的自制力的提升有所帮助，日后他们甚至还会模仿你对别人动粗。最有效的方法就是现场冷处理，不理不睬不闻不问，事后等他的劲儿和你的气都消了以后，再心平气和地跟他讲道理。

有的孩子性格内向，不爱动弹，做任何事都漫不经心。针对这样的孩子，我们应该鼓励他说话，给他营造一个安全的环境，让他表达。当给他布置任务时，要温柔对待，并且手把手教给他应该怎么做。当他们做事比较慢时，也不要埋怨他们太慢了、太磨蹭，而应该积极地催促，比如，“我知道你可以再快点的”，或是“妈妈在等着你哦”，用正向的鼓励来取代催促。

性格发展不均衡处，适当调整

除了要根据孩子的性格进行恰当的教育外，家长平时也要多观察孩子，看孩子的性格有没有发展得不平衡之处。因为孩子性格本身的特点，加上长期受某一种环境的影响，可能会朝任性、敏感或没主见等方向发展。当发现孩子出现这些特点时，父母要及时检视自己的教育方法，有针对性地进行疏导，对孩子性格中不好的一面及时纠正。

活泼好动型的孩子如果对其过分溺爱，无原则地满足其不合理要求，或者是过分保护，什么事都帮他做，那么这样的孩子就会越来越任性。他们往往会表现为在家不听父母的话，在幼儿园不听老师的话，经常是要求不被满足，就用大哭大闹来解决问题。他们常以自我为中心，在和其他儿童交往中，很难妥协，也常会有较多挑衅的举动。因为不受欢迎，容易成为被拒绝型儿童。一旦总被拒绝，他们又常常用一些过激或攻击性行为来引起同伴们的注意，这往往又会引起更多的不满，久而久之，原本外向的性格就在发展中出现了偏差。

发现自己的孩子这种变化或苦恼后，家长应该反思自己的教育方法，要有意识地增强孩子自我管理的能力，纠正他任意妄为的行为，并加强他自我意识和自我控制力的培养。如果孩子已经上了幼儿园，家长还可以和老师配合，用集体教育中的规则来培养孩子的自律能力，并和老师一起督促孩子遵守幼儿园的规则制度。比如我们可以尝试用游戏的方式来约束孩子的行为。我一邻居的孩子经常被老师投诉说精力过于旺盛，自己不好好睡午觉，还总跟别的小朋友嘻嘻哈哈，影响别人。邻居很苦恼，跑来问我怎么办。我给他支招让他跟儿子玩集贴换奖品的游戏。每天电话跟老师沟通一次，如果老师说今天中午很安静，就可以得一个五星贴，如果睡着了可以得两个贴，但如果影响了别人不仅不得贴，还得被倒扣一个，集齐 30 个贴后，就可以换一个他最想要的礼物。在孩子认可这个规则后，他会在规定的时间努力完成规定动作的。不过，咱们要明确的是这种游戏的方法只是帮助他去养成某种习惯。一旦他习惯了午睡不能影响别人的规则后，就可以结束这个游戏了。不过您大可以放心，只要他还有别的好玩的事，就不会总盯着要玩这个游戏的。

先天敏感脆弱的孩子，如果父母教育不当，性格会变得更加脆弱敏感。他们会变得没有主见，不自信，特别在意别人对他的态度，害怕挫折。在人际交往中，不主动，容易退缩。孩子这样的性格，主要跟父母对其要求过高、责备太多有关。

我认识一个孩子就是这样。他刚去幼儿园的时候，由于不敢去厕所，只能每天都尿裤子。回答问题时，本来回答对了，老师一旦质疑，他马上就觉得自己错了。孩子出现这样的状况，父母应该首先想到的是检视自己，平时是不是对孩子责怪太多，要求太高，或者保护太多，包办太多？在跟孩子相处的过程中我们先来调整自己的行为习惯，增加对他的鼓励，多放手让孩子去尝试。比如，孩子因为害怕楼梯高不敢自己上楼，这时我们光鼓励说“加油”“不怕”是不够的，我们不妨给他们设计一个游戏场景，对女孩可以说“爬上山顶，有一个小熊等着跟你这个洋娃娃跳舞哦，我跟你一起去看看吧”，对男孩则可以说“我们是两个奥特曼，我们一起打怪兽去吧”，多尝试用孩子办家家的方式来帮助孩子完成他所害怕的动作，久而久之，他发现自己其实能干很多事，多了很多“赢”的体验，自信心自然就建立起来了。

孩子有时候比我们想象的要厉害得多，可塑性强得多。作为家长，我们不要轻易给孩子下定论说胆小、内向、消极之类的判词，孩子对自己的判断，对世界的感受，对未来是否充满向往，其实都取决于我们用什么眼光来看待他们。他们在我们眼中是一个勇敢正直的小孩，他就一定能够长成那个样子的。

7. 一直优秀的孩子更需要挫折教育

现在很多孩子抗挫折能力很弱，怕失败，一失败就觉得是灭顶之灾，这就是家长平时对孩子进行的挫折教育少造成的。在这方面父母可以多留心、多培养，让他们逐渐建立应对失败的正确模式。

最近有一个被医院称为“病危”的小女孩来到心理诊室，而她的“病危”症状只是因为她被老师用书打了一下。

这个女孩子 7 岁，上小学二年级，是个长得漂亮而且成绩非常好的孩子。她是在放学排队出校门时，因为跟旁边的同学说话，被别的班的老师用书轻轻打了一下头。被打后第二天她就开始头疼、头晕，还呕吐。送到医院后，因为头疼、呕吐，又有脑外伤的病史，就被医生按脑部疾病收住院了。

她住院期间做了脑核磁、脑 CT 等，所有的指标都显示正常，但输了 26 天液一点都没有好转，精神还非常萎靡。父母和医生都没有办法了，才经人介绍来到了心理诊室。

听了她父母的介绍，我发现整个过程并没有出现老师恶打孩子的情况，老师只是用一本书拍了一下头部，示意她停止讲话，而根据医院诊断报告来看，并未发现有任何脑部器质性损伤。于是我判断，这个孩子并不是因为被打了一下就受了脑外伤，而是因为受挫引起的心理障碍。因为她一直很优秀，接受不了自己不优秀，而那天当着那么多同学的面被老师打，她接受不了。也许她那天夜里都没能睡着，思前想后："明天我怎么见同学？我还优不优秀？当时所有同学都在看我吧？"第二天早上，她就开始头痛呕吐了。这在医学上叫身体的应激反应，而这个孩子的应激反应则是由负面的心理暗示导致的。临床上，比她因为心理障碍导致更严重情况的还有很多，有眼瞎耳聋，还有瘫痪抽风的。

每年来心理诊室咨询这方面问题的孩子有不少。可能是现在大家养孩子比较精细，但养育方法又缺乏专业指导，只是一味怕孩子受伤害，或者一味地让他们做个好孩子，成为优秀的人，于是孩子们不能接纳自己的瑕疵也就不奇怪了。

像这个女孩子现在出了问题还算好的，老师"打"她一下把问题打出来了，因为问题迟早要暴露的，现在不暴露，等长大了走到社会，面对社会现实带来的挫折时，可能一下就被击垮了。有很多孩子就是因为考试没考好、交友失败出问题的。最近有新闻报道说的一个年轻小伙子因为失恋在微博上直播自杀的，就是这个问题的典型案例。我们要给孩子幸福的童年，但我们也要留意这种绝对的幸福会不会给他的成年带来不幸。

培养正确的受挫态度

正如著名的心理学家马斯洛说："挫折对于孩子来说未必是件坏事，关键在于他对待挫折的态度。"培养孩子正确面对挫折的态度，首先要让孩子认识挫折，认识到挫折存在的客观性，并且要教给孩子用长远的眼光看待挫折。很多孩子只能接受自己成绩优秀，每次他都要考第一，考不好就接受不了，就哭啊，不吃饭啊。你可以耐心地和他交流，告诉他没有人能总考第一，这次没考好只是阶段性的没考好，不是灭顶之灾，并不代表这一生就完了，也不代表你这个人不优秀了。我们的目的是帮助孩子把眼光放得长远一些。可以给他讲一些名人励志故事，比如诸葛亮，大家都觉得他很厉害，但去细数一下，他打的败仗比打的胜仗多。

然后，要让孩子学会分析挫折，找出导致挫折的原因，下次再做同样的事，就不会受挫折了，并且还能感受到成功的喜悦，进而增加自己的自信心。像小孩子折飞机，别的小朋友折的都能飞起来，自己折的却飞不起来，于是他就开始哭了。这时候你光给他讲些大道理也是不行的，要跟他一起分析，是因为纸张太厚了，还是别的什么原因。如果是纸厚了，那么可能换一张就成功了。要是他换一张果然成功了，这样在他心里就建立了一个针对失败的健康应激模式。如果很难帮他将这个挫折一下扭转为成功，也可以把这件事情化整为零，把一个大题目分成若干个小题目，让他先把眼前的目标完成，获得阶段性成功，然后再慢慢完成大目标，这样他就知道该如何面对挫折了。

但是，很多家长在处理孩子因失败而哭泣时，通常会用礼物来"哄"，"我给你买个什么什么，你别哭了，行吗？乖”，孩子一听有礼物，就不哭了。哭倒是解决了，但是这样孩子心里也会建立一种面对失败的应对模式。这种模式就是——将责任推给别人，并且任由他人收拾烂摊子，同时还要别人给自己精神补偿。如果没人给他收拾烂摊子，他就没有办法从自己这里找到心理补偿，也不会从自身找原因，显然，这样并不利于孩子的成长，因此，最好的方法还是在他小时候遇到挫折时，多和他一起想办法来转败为胜，而不是哄哄了事。

日常生活中，让孩子多“受挫”

其实在日常很多事上，都可以锻炼孩子的“逆商”，关键是父母要做个有心人。哄孩子玩，不是只要哄着他不哭就行，要有意识地在跟他玩时，给他有益的引导。

我们家为了锻炼孩子的承受能力，有时候会这样做。一大家子人吃饭的时候，因为人多，所以会分成两桌，如果一个桌子上的某盘菜吃完了，而刚好有个孩子又特别想吃这个菜，我们就会派他去另外一个桌子借。这时，另外一个桌子的人也许会说不给。小孩回去说他们不给。这就是被拒绝了。其实大人非得不给孩子吗？不是。是要让孩子感受到这个被拒绝的过程，要让他知道被拒绝也没什么大不了的，生活当中肯定会有这种事。被拒绝以后，孩子可以通过自己的努力想办法达到目的，或者是通过努力也达不到，那就接受吧。学会接受，他了解有时候事情只能是这样了，接受后心里不纠结，这就是成功，就是心理成长。

我儿子小时候有一回见街道上有推着自行车卖瓜子的，他就拿着一毛钱去买瓜子了，卖瓜子的说回去找你妈多要点钱，一毛钱太少了。我儿子说，你就凑合给点吧。卖瓜子的也就真的给了他一点。他通过自己的努力去完成了一件本来有可能失败的事情。

现在家长给钱让孩子买东西，都会给个正好的，既不用找钱，也不少给。这恰恰是剥夺了锻炼孩子的机会。你如果给他多一点或者少一点，他就可能在解决这个问题上得到锻炼。

比如孩子有一块钱，他想吃冰棍，那他就只能买到一块或五毛的，买不到两块钱的，如果他恰恰想吃，但是又没有足够的钱，这时候想不出好办法解决，就只能忍着不吃了。

所以，父母在日常生活中，就要给孩子锻炼的机会，适当给他们一些挫折，不是坏事。

Chapter 4

循序渐进，让孩子成为健康优等生

管教孩子，不是无端地对他们进行约束，更不是限制他们的自由，而是依据孩子的心理和生理发育特点，将孩子引导到走向优秀的路径上。

1. 早教不是知识的提前教育

抓住智力发展关键期，促进孩子各方面能力开发，就像砍柴前先把刀磨好了，之后用“磨好的刀”去学文化知识就能达到事半功倍的效果。

平时听一些年轻妈妈聊天，经常会听到这样的对话：“我孩子在幼儿园考试能考 100 分。”“我孩子很多字都认识了”。并且，现在小学一二年级的孩子几乎 90% 都考 100 分，还有一部分考 90 分以上，只有极其个别的考 80 分左右，这样的孩子几乎被认为接近“弱智”了。现在孩子成绩都这么好，并不是因为他们智力超群，而是老师一遍一遍地重复的结果。本应该在小学一年级学的知识，幼儿园教一遍，学前班教一遍，小学又教一遍。这么几遍教下来，孩子肯定都学会了。

这样真的好吗？事实证明，在小学一、二年级成绩非常好的学生，到了三年级或更高的年级，成绩未必都能够保持得住。

70% 的家庭把早教等同于知识灌输

出现上述现象，是因为一、二年级的时候，老师教给孩子的知识都是他们以前学过的，他们觉得学习很轻松，可以不费力气，所以老师教课的时候他们并不认真对待。养成这样的学习习惯，等他们升了更高年级，学新的知识时，成绩就必然掉下来了。

权威调查显示，目前 70% 的家庭把早教等同于知识的灌输。这是一种最常见的早教误区。科学验证表明，3 岁前鹦鹉学舌或图谱式记住的知识并不能提高孩子的智力水平和学习能力，反而会给孩子带来心理压力，降低他们的学习兴趣。

所以，年轻的父母一定要明白，早教并不是提前教授孩子知识，而是抓住 0 至 3 岁智力发育和能力开发的关键期，促进孩子大脑发育。

早教应着重于智力开发

新生儿是在脑发育未成熟的状态下出生的，因此他们的大脑还不能像成人一样正常发挥功能。在出生后他们的大脑还要继续生长发育，0 至 3 岁是人一生中大脑发育最快的时期。

神经系统发育既有阶段性又有连续性，既有可变性又有代偿性。所谓的连续性是指神经系统发育连续不断；阶段性是指神经系统在某一阶段有其敏感期（或叫关键期），这个阶段应该完成的功能就应该完成，错过了可能就终生难补。所谓的可变性和代偿性是指脑组织在受损坏后，在关键期内其他的脑细胞可以代替它的功能。

比如，孩子 4 至 6 个月是吞咽咀嚼关键期；8 至 9 个月是分辨大小、多少关键期；7 至 10 个月是爬行的关键期；10 至 12 个月是站走的关键期；2 至 3 岁是口头语言发育的关键期，也是计数发展的关键期……对于关键期，不同的人也不完全一致，存在着一定的个体差异，在脑的发展过程中也存在着不平衡性。

所以，我们应该在早期教育中抓住孩子发育关键期，给予孩子符合大脑发育特点的各种刺激及教育，让孩子的能力得到相应的发展。

比如，在吞咽咀嚼关键期，应根据宝宝的月龄，逐步更换食物，使孩子的口腔肌肉得到不断刺激，逐步训练孩子的吞咽咀嚼能力。在孩子到了学习爬行的关键期，家长可以利用拿玩具引诱等方法，鼓励孩子多爬，让孩子多锻炼，不要因为担心地下太脏、太冷，不让孩子爬，整天抱着孩子，让孩子错过学爬的关键期。

抓住智力发展关键期，促进孩子各方面能力开发，就像砍柴前先把刀磨好了，之后用“磨好的刀”去学文化知识就能达到事半功倍的效果。所以，父母在为孩子选择早教机构，或自己给孩子进行早教时，最好先厘清早教的目的。理想的早教机构，应该是辅助父母抓住孩子智力发展的关键期，指导父母锻炼孩子相应的能力。

2. 孩子玩好，才能学好

孩子本体感没有训练好，相当于基本能力没有掌握足，这不仅会影响他的学习，还会影响他的生活。

统合功能发育不良会影响孩子的学习效果。学习过程需要大脑对身体各部分的肌肉精密控制，身体的各部分才能相互配合，也就是需要各部件职能的“统一、和谐”能力。这种能力不足会使孩子在学习过程中产生很多困难：听课注意力不集中；写字七扭八歪，还会抄错题……种种错误层出不穷，而且会屡教不改。

孩子没玩好，本体感就不好

我是在看香港回归交接仪式的电视直播中，第一次见到查尔斯王子的。看到他第一眼，我很震惊：这怎么可能是“王子”！他的衣服肯定是定制的，在没穿在他身上之前，被熨得妥帖板正。可是，穿在他身上后，衣服竟然有了“地摊货”的气质。溥仪也是，照片中的他，衣服上本应整齐排列的扣子，穿在他身上就七扭八歪起来。他们因为一直有人伺候，小时候本体感没有训练好，整个身体看起来会有点“不直”，也就是常说的“站没站样”，是一种“王子病”。

查尔斯和溥仪都是作为王子成长起来的，伺候他们的人太多了，什么都不用做，能力就被限制住了，得的是一种典型的“富贵病”。但这种“富贵病”并不是只存在“富贵圈”，“平民圈”里也有很多人患此“病”。有的人走哪里，靠哪里。我经常在公交车上看见这样的人，他们大大咧咧地靠在座位上，大腿伸到过道中间，别人过的时候要从他们腿上跨过去。这种“坐没坐样”也是因为本体感没训练好。

本体感是指人对自己身体的感觉。本体感好的人，他们的大脑对大、小肌肉就控制得好，手—眼、手—耳、身—脑也更协调，动作更灵活。很多家长来我这儿咨询：为什么我的孩子动作特别慢呢？为什么我的孩子写作业拖拉呢，还边写边玩？有的父母还抱怨自己孩子自觉性、自制力差。其实这些问题都与孩子的本体感没发展好有关系，而跟孩子的学习态度无关。

我们曾到一所小学做过调查，看那儿的学生本体感发展的情况如何。在调查过程中，我们会让一、二年级的学生，挨个用他们左脚的脚后跟碰右腿的膝盖。这么简单的动作好多小孩都做不到，很多孩子的脚后跟就是找不到膝盖，严重的甚至去腿后面找膝盖。除了这个动作，我们还会让他们在纸上写他们的名字，看他们拿笔的姿势，看他们的精细动作发展得怎么样。另外，我还会问他们吃饭是否端碗，看他们左右手协调能力发展得如何。

此外，我还会让他们读一句话：中华人民共和国成立。其中“中华人民”在上面一行，“共和国成立”在下面一行。正常的孩子读完上面一行，一下就能看到下一行，而有的孩子就需要满篇找。一下能找到行的孩子是因为视觉轨道建立起来了，而没找到的孩子是因为视觉轨道没建立起来。

本体感差会影响孩子的学习。大脑对手指肌肉控制不好，孩子写作业就慢；视觉轨道没建立起来，写字就容易出格；手和眼不协调，看到的和写出来的可能就会不同，写字就可能出现抄错、偏旁颠倒等问题；身和脑不协调，大脑对身体就可能控制不良，上课、写作业时身体就会转来转去，小动作较多。

正如上节所说，孩子两三岁的时候，家长都会重视孩子早教，但是可能大家都误解了早教的本质，将早教当成提前进行知识教育，而不是重视孩子基本能力的培养。殊不知如果基本能力没培养好，即使再早教授知识，也会事倍功半的。因为别人写一百个字用半小时就行了，本体感没发育好的孩子可能需要两个小时。那么对于本体感差的孩子来说，学习就变成了非常痛苦的事。

所以，父母在孩子小的时候，应该重视孩子本体感的培养，而不是急于去让孩子学习文化知识，以及各种特长。本体感的训练方法很简单，通过简单的游戏或者基本劳动就可以训练好。很多传统的经典游戏，都可以帮助孩子训练本体感。

不同的游戏，锻炼了孩子不同的能力

弹玻璃球的游戏，就可以训练孩子手部伸展肌的力量。弹玻璃球时，为了追求准确性，手部的收肌群和伸肌群伸缩的力量需适中。练这个游戏有利于手部肌肉变得更加灵活，有利于孩子发展手部的精细动作。只有手部的精细动作练好了，写字才不容易累。

盘腿斗游戏可以锻炼人的本体感觉和平衡能力。这个游戏的规则是大家先用一边的手搬起另一边的脚，将脚放在搬脚的手这边的膝盖上，然后相互碰撞，看谁的腿先被撞下去。玩这种游戏虽然身高和体重是制胜的重要因素，但平衡能力和本体感觉的发展状况仍然是制胜的关键因素。如果正常本体感发展好的人，去和查尔斯王子玩这个游戏，他虽然有那么高的个子，但肯定一下就被撞倒了。简单的劳动也可以锻炼左右平衡能力，比如洗手绢、洗袜子等需要两手配合的劳动。另外，一些看似简单的动作也可以锻炼左右手配合的能力，像一手拿筷子，一手端碗吃饭；一手写字，一手按住本子等。

扔羊骨头的游戏可以锻炼眼—脑的配合能力。游戏规则非常简单，将几个棋子撒到桌子上，然后将一个小皮球扔到空中，在皮球落地再弹起的时间段中，将桌上的棋子翻个面。根据孩子的熟练程度，可以通过增加棋子的数量，增加游戏的难度。游戏虽然简单，但对于练习手腕的灵活度，训练眼—手配合有非常大的作用。眼—手配合良好，才可以帮孩子建立好眼睛的寻轨功能。这样他们看书就不会总看错行了。这个游戏直接和眼睛的“寻轨功”相关。

小女孩玩娃娃，会模仿成人的一些活动，这非常好。我们可不要小看了这些行为，它能提高孩子的生活自理能力。孩子看见妈妈给弟弟把尿，自己也给娃娃把尿；妈妈给她穿衣服，她就给小布娃娃穿衣服。通过玩娃娃模仿成人的过程，孩子自我的生活能力就训练出来了。有的父母给孩子买了特别漂亮的娃娃，却陈列在柜子里，这其实也算有点没能物尽其用吧。

和孩子一起包饺子也可以使孩子得到锻炼。擀面皮练习了左右手动作的配合，包饺子练习了手部肌肉的精细动作，揉面锻炼了手部力量的控制。并且，包饺子一般会有多人参与，大家其乐融融也可以增进感情。

我们小时候去河里抓鱼也是一种锻炼。抓鱼需要手—眼配合，眼睛还需要“循鱼而动”，要看准才能抓到，这就锻炼了眼睛的“寻轨功”。更重要的是，抓鱼还锻炼了孩子的意志力。因为鱼身上滑溜溜的，即使抓到手里，也可能溜掉，所以需要反复抓。意志力锻炼好，学习上会变得不怕吃苦，爱钻研爱思考。

我国著名教育家陈鹤琴先生说：“小孩子是生来好动的，是以游戏为生命的。”游戏不仅能给孩子一个愉悦的童年，还可以让他们通过游戏锻炼各种能力，长大后生活会更轻松，连形体都会优美，舒展，收放自如。本体功能练好了，父母再让孩子学国标舞之类的课程，孩子就会学得很快。舞蹈练起来，举手投足都会更到位。感官功能练习好了，学画或者学音乐都会学得更快。之前我们将学前对孩子各种能力的锻炼比作磨刀，将学知识比作砍柴。磨刀磨得好，砍柴才能砍得又快又好，孩子各种能力培养好了，学知识就能更轻松。

常有家长来问我，说自己孩子学东西慢或者总是掌握不好，怎么办？比如，报个跆拳道的班，总是踢不好腿；上个滑旱冰的课，同时进班的都掌握了，自己的孩子还总摔；更有严重一点的小学生家长向我反映，说自己的孩子在跑道上跑步的时候总岔道，有时候，50 米的距离能从 8 道岔到 1 道去。类似种种，我一般都会跟家长说：“您孩子不是智商问题，是玩少了。”

3. 带孩子玩，家长应懂的心理学

带孩子和哄孩子是两个概念，带孩子的重点是在陪伴孩子成长的过程中，让他逐渐建设好自己各方面的能力，将他的潜力发掘出来；而哄孩子就是哄着孩子玩，让他不闹就是了。

孩子在年幼时，父母应尽可能多陪孩子玩，在玩的时候，家长要做一个有心人，关注一下孩子智能的发展，并有意识地进行引导，而不只是单纯地怕孩子闹，哄他玩。带孩子和哄孩子是两个概念，带孩子的重点是在陪伴孩子成长的过程中，让他逐渐建设好自己各方面的能力，将他的潜力发掘出来，而哄孩子就是哄着孩子玩，让他不闹就是了。所以，家长应掌握一些科学育儿知识，理解孩子各阶段行为心理特点，才能既享受到陪伴的乐趣，又增进孩子的发展。

比如，小孩在 10 个月左右总是从桌上捡小米粒吃。讲卫生的父母就会制止孩子的这种行为，觉得从桌子上捡着吃不卫生。但事实上，孩子在这个阶段就是对细小的事物感兴趣，这也正是练习手部精细动作的好时机。如果父母总是制止，孩子手部肌肉的自我锻炼可能会因此被阻碍了，手的灵活度不够也许在他长大以后会表现得越来越明显。

这一时期的孩子，还喜欢抓吃的给长辈吃，比如花生米、爆米花之类的。他抓起吃的把手伸到家长嘴里，但是把手收回的时候，又把吃的给拿回来了。这时候，家长会觉得这个孩子自私，不是真的把吃的给长辈，甚至习惯性地“批评”两句。其实，这是因为孩子手部的收缩肌和伸展肌配合度差，他们抓起一个东西很容易，放开不容易，虽然心里想给长辈吃，但是没法让动作配合好。

也有很多父母来我门诊抱怨孩子上课不专注，做作业的时候也总是注意力不够集中。针对这样的父母，我总是会问他们：孩子在做游戏时，你们有没有总是以让他们喝水、吃饭等理由打扰他们？家长们常常很愕然——让喝水、吃饭不是很正常吗？其实很多游戏是可以帮助孩子培养专注力的，实验表明，孩子的注意力在游戏中有较强的稳定性。通过专注地玩游戏，孩子的专注力就能潜移默化地得到提高。这需要我们做家长的对专家说的“多喝水”“按时吃饭”有一个弹性的认识，在你要打断孩子专心游戏之前，先问问自己，这种打断是否必需？孩子已经缺水很严重了吗？晚十分二十分钟等游戏结束后不可以吗？我们在养育过程中如果能多一些换位思考，掌握一些儿童心理学知识，而不是靠直觉，凭经验，相信很多问题会迎刃而解的。

只有对孩子的心理有了科学的认知，在给孩子买礼物的时候，就不会一味地认为贵的、技术含量高的好，而是能为孩子选择最适合的玩具。有的家长重视商品的质量，给孩子买礼物都会选遥控飞机之类的高档玩具，其实没有必要，遥控飞机对于孩子能力的锻炼并不比他假想为火车的椅子带给他的锻炼和欢乐多。孩子需要练习手部精细动作时，我们就应该想到买点儿橡皮泥给他玩；孩子的好奇心强时，我们就应该想到买一些可拆卸的玩具给他玩，培养孩子的观察力和动手能力；孩子想玩过家家时，就给她买可以扮作不同角色的娃娃，培养生活自理能力。

父母对孩子的行为有了科学的认知，就不会强迫孩子玩很难的游戏。比如，堆积木的游戏，如果孩子的能力只能码三块，而家长要求他码五块，甚至要求他堆出形状，那么这对他来说就太难了，是不可能完成的任务。有时我们也别怪孩子对我们爱答不理的，我们的功利心和目标论也常让他们疲惫不堪，充满挫败感。

爸爸带着玩，去探知更宽广的世界

现在很多家庭，爸爸因为工作忙，不太经常带孩子。但是，爸爸的教育对孩子人格的培养也是不可或缺的。著名的人格心理学家荣格说，任何人的身上都既有男性特质，也有女性特质，两种特质只有平衡发展人格才能健全。孩子身上的两种特质需要爸爸妈妈一起努力才能都激发出来。耶鲁大学的一项研究甚至表明，爸爸带大的孩子，智商更高些。

爸爸常带孩子玩，孩子就更有探索精神。小孩从三四岁开始要探索世界，但有些事情他自己做会害怕，但若带他做他就敢做。比如，我带我儿子去玩，如果要过一条只有几块石头的河，我就不敢带孩子过去，我担心孩子掉河里。但若是他爸爸，就敢带他过去，因为即使孩子掉河里，爸爸也有能力把他捞出来。所以，爸爸带孩子更能让孩子做一些他没做过的事情，而妈妈爷爷奶奶们更担心的是安全，“万事安全第一”，所以很多事他们都不会带孩子去做。

爸爸带出来的孩子，性格会更果断、开朗。我的诊室里来过很多妈妈，他们向我咨询：“为什么自己的孩子这么敏感、内向，并且还特别胆小呢？”与这些妈妈细细交谈后，我发现，孩子小时候的教育爸爸几乎都没有参与。这些孩子全是妈妈“抱”着长大的。妈妈怕孩子受伤，带孩子做任何事都谨小慎微，所以孩子就会变得越来越胆小。针对这样的孩子，我开出的处方都是：让爸爸多带带孩子。依靠父亲的“艺高”，孩子才能被引导得更胆大，只有胆大了，艺才能更高。

此外，爸爸无论是在知识结构、生活习惯以及教育方式上都和妈妈不同，所以在教育孩子上爸爸可以和妈妈互相补足。比如，爸爸带孩子会比较“懒”，不是任何事都帮孩子做，这样孩子就要自己努力做，这在无形中就增强了孩子的自立能力；爸爸生活上不是那么爱干净，所以爸爸带孩子玩就可以让孩子接触到一些必要的细菌，孩子的免疫力反而会变强。

我们说父爱如山，母爱如海。母亲温柔如海的呵护，加上父亲坚毅如山的培养，孩子才能形成健康阳光的性格。所以，希望爸爸们再忙也要多陪陪孩子，让他们知道，在他们探索纷繁未知的世界时，背后有双温暖的大手在尽力保护他们周全。

4. 在游戏中，培养孩子的想象力

孩子很多富有想象力的举动，在父母眼里就是胡闹。孩子很多创意的举动都被父母“不解风情”的言语制止了。

不要扼杀孩子“胡闹”的创意

我遇到过一个小孩，看到大街上的树都被工人伯伯捆上草绳子了，觉得很奇怪。于是，他就问一个工人：“伯伯，您为什么把树捆起来啊，树也没犯错误。”那个工人就告诉他：“因为天冷了，树会冻着，你看树冷得都哆嗦了。树太冷了，我们给它穿上点儿衣服。”于是，他就知道了，树是怕冷的。

这个孩子回家以后，看到他们家院子里的树也没穿衣服，“冷”得直打哆嗦。这个小小的人儿很心疼这棵树，也想效法工人伯伯，给他们家的树“穿”上衣服。于是，他趁家长们在睡午觉，就偷偷地把家里面的报纸、冰棍纸什么的全找出来，然后又找来绳子，七缠八绕地把找的东西都挂在了树上。他想这下树就不会冷了吧，于是就心满意足，也去睡觉了。

家长起床后，看到树这身褴褛的“衣裳”，哭笑不得。院子里的树本来栽上就是用来观赏的，但被孩子这么一通乱挂，就不能作为一“景”，反而有碍观瞻了。幸运的是，孩子的家长很了解孩子的心理，微笑着给这棵披挂着爱心和责任的树起了个名字，叫“爱心树”。

但很多孩子就没这么幸运了。孩子很多富有想象力的举动，在父母眼里就是胡闹。我在公园里就看到过这么一幕：秋天的公园里，一个看起来三四岁的孩子，将自己的外套脱下来铺在了一堆叶子上面。“这么冷的天，你这孩子怎么把衣服脱了？”妈妈问。“老师说，树叶想睡觉了，所以从树上落了下来。树叶睡觉时会冷的，所以我要给他盖上点儿东西，我睡着的时候，您也给我盖东西了。”孩子答道。“别冻病了，赶紧把衣服穿上吧。”说着妈妈就强制给孩子穿上了衣服。孩子温柔的创造力就这样被当成“胡闹”扼杀掉了。

不仅如此，大人有时候为了追求准确，也会妨碍孩子想象力的发展。儿童绘画班里，一个孩子将太阳画成了紫色，被老师看见后，立即纠正了过来：“太阳应该是红的。”也许，对于孩子我们应该报以更宽容的态度，到底是不是红色有那么重要吗？

还有的父母为了及早给孩子科普知识，也会显得急于求成。我听同事讲，有个小孩子看到天上的云彩很漂亮，就说：“云彩像一团棉花，看起来软软的，踩上去肯定很舒服。”家长听到了，觉得抓住了给孩子科普的契机，便纠正道：“云其实是一团水汽，由一个个水分子组成，人在上面根本站不住，站上去也会摔下来。”两个人说话有点像“鸡同鸭讲”，那场景可以想见，除了孩子的一脸错愕和家长的不过瘾外，再无其他。

有些家长为了不让孩子落后，会提早给他们灌输很多知识。孩子将大部分智力都用去记生字了，也就没时间去探索世界了。孩子几乎每天都在家里玩，每天睁开眼睛只能看到家人。我们会认为，冬天太冷，夏天太热，不适合户外活动。孩子几乎没有多少时间接触自然、接触外界。不接触自然，不将自然的壮美采撷进思维里，孩子怎么会有蓬勃的想象力。

想象力就是生产力，想象力就是孩子长大后的创造力。爱因斯坦说："想象力比知识更重要，因为知识是有限的，而想象力概括着世界上的一切，推动进步，并是知识进化的源泉。严格地说，想象力是科学研究中的实在因素。"所以，父母在发现孩子心里想象力种子萌发时，要为其浇水施肥，让它们恣意地生长吧。

助力孩子想象力发散

要培养孩子的想象力，首先要让孩子接触到诱发其想象力的素材。这些素材可以是春夏秋冬景色的变迁，花鸟鱼虫的千姿百态；也可以是艺术画作里的色彩偾张，状形流韵；还可以是乐声的千回百转；更可以是故事里的离奇紧张。让孩子多接触自然，多阅读故事，多接触艺术，接触尽可能多的素材让他们的思维发散。

和孩子一起读故事或者叠折纸时，可以跟他们讨论故事里的人物或者是给新折叠的主人公设计离奇的故事。可以让主人公来一段星际旅行，像小王子一样，和不同星球的主人谈一谈人生；或是让他们像彼得·潘一样，飞去一个永不岛；或是让主人公像爱丽丝一样，变小走进一个兔子洞，在微处见识庞大的神奇。这样孩子的意识就会开阔很多，看到的再不是眼前的一房一室，也不是小区游乐场的局促狭隘，而是宇宙的广阔，一沙一叶的姿态万千，自成一国。

当孩子想象力发散，说出不合逻辑的话语，或做出不按常规的事情时，父母不要用言语进行打击，也不要借机给孩子科普正确的知识，而应该跟着孩子的思路，让他的思维尽情发散。

有一次，我和儿子在公园门口买了几个橘子，正要剥开吃，发现有一拨蜜蜂飞了过来。我就说："你看这个橘子多甜啊，把蜜蜂都招来了。"儿子听了很兴奋："那咱们赶紧回去吧，万一它们会和我们抢呢。"我说："有可能呢，说不定已经有蜜蜂回去报信去了，一会儿会有更多的蜜蜂赶来呢。"儿子听了，都不吃橘子了，赶紧拉我上公交车了。坐在车上还回头看，有没有蜜蜂追来。拎着的橘子都不知道放哪儿好了，放在椅子底下都不放心。其实很简单的事情，孩子会想得很离奇。等我们一到家，他就跟他爸爸说"快关窗户。"那架势像在前线打仗似的。

孩子天马行空的想象，千万不要用言语打击，或者是借机去灌输一些书本上的知识。有目的地学知识的时间他们将来有的是，孩子只是在年幼时思维才可以无拘无束。日本的心理学大师河合隼雄说："是不是每个人都知道，在每个孩子的内心，都存在一个宇宙呢？它以无限的广度和深度而存在着。大人们往往被孩子小小的外形所蒙蔽，忘却了这一广阔的宇宙。大人们急于让小小的孩子长大，以至于歪曲了孩子内心广阔的宇宙，甚至把它破坏得无法复原。"

另外，鼓励孩子思维发散，还可以跟他们一起玩玩具，跟他们一起研究之前玩的玩具，看有没有新的玩法。如果发现了新的有趣的玩法，孩子会非常高兴，像发现了一个神奇岛屿一样，与此同时，孩子的思维就会宽广很多。

5. 孩子语言能力的培养，是个系统工程

孩子咽部肌肉发育不好，大多跟家长没有给孩子科学添加辅食有关。不同硬度、不同形状和大小的食物要求孩子咀嚼的力度，舌头、牙齿与口腔的配合方法，以及吞咽的力度都不同。

咽部肌肉与语言能力的发展

孩子一说话晚，或稍一结巴，父母就会担心自己的孩子说话有问题，其实大部分孩子都没问题。只是父母太着急了，看着别的孩子都说话流利了，自己的孩子还不会说句子呢，就着急地带过去看医生。其实，孩子都有个体差异，有的孩子说话稍晚一点没关系，我们不是也常说“贵人语迟”嘛。但是，如果孩子超过 3 岁，还不会说话，就要去检查了。

父母带孩子来诊室检查说话问题，我会先给孩子做生理结构检查。先是检查孩子的耳朵。我们常说十聋九哑，哑巴大都听力不行，听不见别人说的，也就学不会怎么说。如果耳朵没问题，还会检查孩子的口腔结构。很多孩子会存在口腔肌肉没发育好的问题。这个检查很简单，只需让孩子喝一口水，但不让

他把水吞下去，而是让孩子用水漱口，将水放到口腔不同的部位，最后把水吐掉。

咽部肌肉的发育情况直接决定我们发音是否流畅。孩子在成长过程中，不断有语言输入进大脑，话语进入神经中枢会留下印痕。在他耳边重复越多的话语，他神经中枢里留下的印痕越深。孩子通过语言输出提取这些词汇，词汇被提取越多次，他在大脑里留下的印痕会越深。就像我们用电脑打字，“的”字非常容易就能打出来，因为它的使用频率最高，在电脑里留下的印痕也最深。但若是咽部肌肉发育得不好，孩子不愿意说话，输入进大脑的词汇，总也不被提取，那么它们留在大脑里的印痕也就越来越浅。印痕变浅后，孩子更是“无从说起”了。

孩子咽部肌肉发育不好，大多跟家长没有给孩子科学添加辅食有关。不同硬度、不同形状和大小的食物要求孩子咀嚼的力度、舌头、牙齿与口腔的配合方法，以及吞咽的力度都不同。不同的时期，给孩子添加不同硬度、形状和大小的食物可以促进孩子口腔功能的发展，尤其是咽部肌肉功能的完善，使表达语言的“硬件设备”趋于成熟。

如果父母没有给孩子适时添加辅食或者分阶段改变辅食的形态，孩子就不能得到相应足够的咀嚼练习，口腔的功能就不能得到相应的改善，孩子语言能力的发展也会受到影响。因此，妈妈一定要根据月龄逐步为宝宝更换食物，为口腔提供各种不同的刺激，耐心地反复训练宝宝的咀嚼能力。

父母太能“猜”，孩子不用说

如果孩子耳朵没问题，口腔功能发育也没问题，我就会问父母对孩子进行语言训练的情况，看是不是父母对孩子语言输入不够。或者问一下父母在生活中，有没有什么不好的习惯，阻碍了孩子语言能力的发展。

妈妈有一个习惯特别妨碍孩子语言能力的发展，但很多妈妈自己不知道。我经常听一些妈妈说：“我太了解我的孩子了，他一个眼神，我都知道他想要什么。”这背后的意思是，家长照顾得太周道，孩子不用说话，指都不用指，递一个眼神，家长就知道他的意思了。他开口的机会其实是被你侵占了。对孩子来说，语言就是工具。如果他想喝果汁，给你一个眼神，你把果汁送过去了，于是他就用不着语言工具了。所以，妈妈千万不要太娇惯孩子，太娇惯容易把他的能力抑制住。

妈妈还有个习惯也不利于孩子语言能力的培养。孩子语言能力差，讲话可能会用叠词，比如“脏脏”“怕怕”之类的。妈妈语言能力又不差，但很多妈妈跟孩子讲话也喜欢用叠词。这样其实不利于孩子语言能力的培养。孩子是通过听父母说来习得语言的，若父母的水平降到和他水平一样，那孩子就不用学了，不用进步了。所以，父母在养育孩子时，一定要注意，自己是孩子效仿的对象，父母需要为他们树立一个可以追赶的榜样。教孩子学语言是这样，教孩子做人的道理也是这样。

孩子的语言能力，应从小培养

我经常听到父母这样抱怨：“为什么一样大的孩子，别人的孩子都会说话了，我们家孩子还没说话呢？”每个孩子的发育情况都不同，攀比实在没有必要。但是，说话晚除了跟孩子本身的特点有关外，还和家长对孩子语言能力的培养方法有关系。

5个月的时候孩子对语言就有感悟了。这时候咱们说的话他听不懂，但是他的大脑对声音是有反应的，你对他说的话会在他脑子里留下印痕。也就是说孩子5个月大的时候我们就要开始有意识地培养他的语言能力了。有的夫妻不喜欢说话，在家里两个人没什么事也不说话。如果这时候父母再不有意识地多跟孩子交流，孩子的语言输入量不够，对他将来的语言发展是会有影响的。所以，在孩子很小的时候，我们可以多跟他聊聊天，给他穿衣洗漱的时候多说说话，比如“这件衣服颜色很鲜艳”，“你的脚丫子又长大了”之类，这样不仅能促进亲子交流，还可以促进孩子语言能力的发展。

孩子七八个月大的时候，就能将声音和概念联系起来了，比如父母说“灯”，他就知道看灯了；父母说“马”，他就知道看卡片上的马了。这个时候，声音不但能在他脑子里产生印痕，还能让他将实物和概念联系起来。这么大的孩子还能主动发声，“爸爸”“妈妈”这些较好发的音，偶尔能从他嘴里蹦出来。这时候应鼓励他发音，每次他蹦出词来，父母都应做出积极响应，比如，跟他一起说或者表达你的快乐欣喜，鼓励他再接再厉。

我们还可以让他模拟动物的叫声。为什么要学动物的叫声呢？因为动物语言能力不如人，它们发出的音都相对简单。青蛙的嘴一张一合，不需要动舌头，就能发出“呱呱”声；鸟的嘴巴形状尖细，嘴巴和舌头基本不用动就能发出“吱吱”声。这些声音对孩子来说是容易发的。孩子学会发动物的声音，你鼓励他，他也能因此得到说话的自信。

人从一出生脑细胞就在发育，1 岁时脑细胞的数量发育到顶峰。2 岁的时候大脑里的部分细胞就开始死亡。死多少？大约死五分之三。一些脑细胞凋亡腾出位置，使脑细胞生长出枝枝蔓蔓，这些枝蔓互相勾搭，才能产生联想。到底死了哪些脑细胞，留下了哪些？多半由基因决定，但也受外部环境影响。我们希望孩子的脑细胞残留得多一些，分叉也多一些，这样智商和能力都高一些。怎么做呢？这取决于你对孩子的刺激量，他接触的事物越多，对他刺激量越大，他保留的细胞量就越多。

所以，我们应该通过家人之间的谈话，通过和孩子直接的对话，通过和他一起看图画书，将丰富的语言输入到孩子脑子里，不断刺激他的大脑，让更多的细胞留下来，让细胞长出更多有助于智商发展的枝蔓。

在模仿期的孩子，耳朵很灵敏，脑子也很灵。家长说什么话他都能模仿出来。这时他对语言的理解能力虽然还不太强，但创造力一点都不弱。他们总能创造出一些有新意的名词来，给父母意想不到的惊喜。

有一次，我儿子从姐姐的课文里听到了“高耸的山峰”一词，就记在心里了。后来我们一家去郊游，我儿子看到前面有一座山，就问我：“妈妈，那座山真矮耸，我们能跪着爬上去？”我们全家人听了都乐了。孩子在语言应用上的创造力很惊人吧？这时候他说得不符合常理又有什么关系呢？

孩子语言表达能力差

很多孩子一写作文就发愁。想写一个事情，就是找不到合适的词语。即使写出来，也跟别人写得差不多，千篇一律，用词都很贫乏。要写北海，大家统一都写“北海公园真美啊！”这就没有新意了。为什么有的人能妙笔生花呢？因为他的语言输入量大，脑子里的词汇印痕多。有的人脑子里被输入了50个词，而有的人脑子里只有5个词。如果两个人同时从脑中提取词汇，那么脑子里有50个词的在提词速度和用词准确度上，显然会优胜于脑子里只有5个词汇印痕的人。

现在，我经常跟我孙子一起读绘本。《我爸爸》是他非常喜欢的一本。绘本里有一句话是这样的：“我的爸爸像房子一样高大。”我记得读了这本书很久以后，有一次我们家来了一个客人，个子很高大。我儿子就说：“这个叔叔像房子一样高大。”我们全家人听了都特别惊喜。可见，孩子自身的学习能力强得惊人，你找到合适的方法后，真的不需要以“每天必须认会多少个字”来苦苦相逼的。

和孩子一起读书，对于孩子来说是最直接的词汇输入方式。但跟孩子读书时，开始一定要选简单有趣的，要注意孩子的阅读体验。刚开始带孩子读书时，一定要选择图画书，让他的读书之旅开始于色彩斑斓的图片。绘本漂亮的图画，简单有趣的故事，遵循孩子认知心理的设计，对于孩子来说都是珍贵的礼物。除了《我爸爸》，像《大卫不可以》《母鸡萝丝去散步》《很饿的毛毛虫》等都是非常好的。等孩子再大一点，上小学后家长可以多买些儿童文学给孩子看，国内的像郑渊洁、沈石溪以及曹文轩的书都非常适合；国外的像《长袜子皮皮》《小王子》《夏洛的网》等都非常好。世上有很多精彩的故事等在孩子成长的路上，我们要做的，是帮他们一起推开神奇的阅读之门。

多读书、多交谈是非常好的亲子沟通方式，让孩子智商情商都能得到很好的发展。但是现在大人读书也很少了，词汇量也贫乏。所以，建议家长自己多读书，不要回家就玩手机，打游戏。在和孩子沟通时，还要注意的是，问孩子问题应“问小不问大”，不要问他类似于“今天上学觉得怎么样”之类的大问题，孩子无从回答，沟通就没办法继续。最好能问一些具体的问题，如“今天绘画课老师教你们画了什么”之类。

要提高孩子的语言表达能力，除了增加孩子的语言输入量，还要让他多体验生活，积累生活的素材。这就需要我们经常带孩子去公园游玩，去观看自然景观，去参加人文活动和体育活动，让孩子的感官直接接触到多姿多彩的世界。这样等他再去进行语言表达时，就会细腻很多，而不是泛泛堆砌形容词。比如春天你带他去田野，让他闻到潮湿空气里嫩草清新和泥土芬芳的气味，自然的美会给他的感官带来冲击力，也会潜藏进他的记忆力，等他再进行语言表达时，就能做到独特而深刻。

孩子说话慢，有点口吃

还有的家长会担心自己的孩子会口吃。其实真正病理性口吃的很少，大部分孩子的口吃都是一过性的。小孩刚开口说话的时候不口吃，说话很流利，但之后也变得口吃了。其实这是一个过程，不用管它。他刚开始说话时，语言是满足基本需求的工具，因此，“水”“尿尿”等他都能说流利。等过段时间，他想用语言表达情感或叙述事情，并用新接触的词汇，把语言组织得精彩一点时，他就需要在脑子里选词、造句，但他选词和造句都不熟练。因此，他说话就可能会迟疑，看起来好像口吃了一样。这其实是思维还没跟上的原因。

这个阶段，你一定要耐心等着，不要逼他，也千万不要把这个现象正式归为“口吃”。等过了这段时期，他脑中的词汇量增多了，思维组织能力提高了，他说话就顺畅了。如果这时候你很紧张他的状态，并且用各种办法改变他，刻意地提醒他，训练他，反而会给他造成心理负担。

比如，孩子想说“我想吃一块熊猫样子的饼干”，于是他就开始说“我吃”，之后又说“一块”，再后来他想表达“熊猫”这个词，但是脑子里还没找到，就说不出来。于是这个句子就变成了：“我吃吃吃……”那会儿他自己不紧张，正集中精力在检索词汇，你要做的就是泰然处之。如果这时你让他别着急，反而让他紧张了，让他有压力了。还有的家长见孩子说话比较费劲，就爱帮孩子说，这样会使孩子心中生出自卑感。以前有的家长更过分，孩子一口吃就打，打着打着孩子变一辈子口吃了。所以家长一定要把孩子的“口吃”看淡，有意识地忽视这个现象，打就更不对了。爱斯基摩人没有口吃的，他们的世界里没有“口吃”这个概念，因为他们觉得小孩子说话迟疑是正常的，很好玩。他们把小孩的“口吃”看得很淡，很好玩，孩子往往是毫无压力地将这段时期平稳度过了。

6. 孩子什么时候识字最好

强迫孩子学汉字，意义不大。孩子最初识字的方法是图谱式的记忆，如果孩子只是认识这个字的形体，并不知道它所指代的概念，是没有意义的。

有专家认为，识字对学龄前儿童来说太枯燥、太抽象，在幼儿阶段不应当进行识字教育，识字应是小学教育的任务。教育家卢梭也认为幼儿过早识字毫无意义。

而美国心理学家推孟在“天才发生学”的研究中指出：有 44% 的天才男童和 46% 的天才女童都有 5 岁开始阅读的经历。

都是专家，但是论调完全不同，家长们做何选择呢？我接触很多父母，他们所持的观念也都不太一样。有的父母觉得孩子早识字好，对孩子的智力发育好，甚至有的父母还会将识字多少作为和其他父母攀比的筹码；而有的父母担心识字多会影响孩子智力的发育。那到底什么时候开始识字好呢？

3 ~ 4 岁，是孩子对图形直觉最敏感时期，而汉字是由象形字发展而来，所以 3 ~ 4 岁让孩子接触汉字比较好。比较重视孩子教育的父母想两岁开始教孩子认字，也未尝不可，只是方法要得当。通过和孩子一起读绘本，教孩子认广告牌等都可以，但切不可强迫孩子机械地记忆汉字，以认识多少个字为每天的学习目标，让记汉字成为孩子的心理负担。

强迫孩子学汉字，意义不大。孩子最初识字的方法是图谱式的记忆，如果孩子只是认识这个字的形体，并不知道它所指代的概念，是没有意义的。所以，需要借助图片或者通过实物，让孩子把字的形体和具体的概念联系起来。比如，你让孩子看到“舅舅”两个字，就让他知道这两个字指的是妈妈的哥哥或弟弟，并联想到自己的舅舅，联系到舅舅经常带他玩，这样才有意义。要不然孩子即使认识很多字，也会很快忘记。

我认识一个小姑娘，她父母并没有特意教她汉字，只是经常和她一起读绘本，看画册。后来有一天，她父母发现她竟无师自通地认识了很多字，甚至自己都可以读绘本了。所以，关于认字这件事，家长都不要着急，根据孩子本身的认知规律，家长再辅以引导，孩子就能很快认识很多汉字。

7. 学英语始于何时比较好

语言刺激能促进大脑细胞生长发育。幼儿期是语言发展的关键期，抓住这个关键期给予幼儿两种语言刺激，能促进幼儿大脑两半球之间的协调，加强神经细胞之间的联系。

英语是国际通用语，懂英语，信息接触就会更广泛。美国耶鲁大学的一项研究认为，讲两种语言的幼儿比仅会一种语言的幼儿，在脑子的灵活性和解决问题的能力方面均有优势。

语言刺激能促进大脑细胞生长发展。幼儿期是语言发展的关键期，抓住这个关键期给予幼儿两种语言刺激，能促进幼儿大脑两半球之间的协调，加强神经细胞之间的联系。因此，幼儿期的英语训练对孩子是大有益处的。

学英语有那么多好处，应不应该在学龄前安排孩子学呢？什么时候开始学最好呢？这是困扰很多年轻父母的两大问题。

理论上讲，婴儿在 5 个月时耳朵就能接收词汇了，并且接收的词汇会在脑中形成印痕，然后 1 岁多时就可以运用这种语言了。6 岁以前，幼儿对声音的敏感度也较高，并且右脑控制发音器官的能力较强，声带、舌唇等运动神经的调节也具有极大的可塑性，此时练习说话，更容易掌握发音技巧。4 岁以前，大脑对声音的辨别能力最强，成年之后，对声音的辨别能力是 4 岁儿童的四分之一，所以 4 岁以前，孩子学语言是一件轻松的事。

英国一项研究也印证，儿童学语言的能力要比成年人强，而且学外语的年龄越早，掌握这门外语越容易。很多在婴幼儿时期移民的孩子，他们的外语水平几乎都能达到母语水平，也给这些研究提供了丰富的例证。

孩子学英语，相较成人来说，还有以下两大优势：一是孩子没有升学考试的压力，这样他们就可以在宽松、愉快的环境中学习；二是孩子说英语时，不怕说错被人笑，开口练习的机会就更多。

但是，由于幼儿手部肌肉尚未发育成熟，因此，在教授幼儿学英语时，最好不要求幼儿去书写，并且教学方法一定要以幼儿身心发展规律为依据，比如幼儿的注意力一般不易集中，教师就应运用多种方法吸引孩子的注意力，如游戏、歌曲、故事等，让幼儿融入其中，进而启发他们的学习兴趣。

在教孩子学英语时，不要用成人英语教授模式。如果把成人学习英语的方法“读课文，解释生词，练习句子”的模式搬到幼儿课堂上，不仅不能提高教学效果，反而会引起幼儿的反感，不利于幼儿学习，说得夸张一点，可能会让孩子越学越迷糊。

另外，在培养孩子外语能力的同时，也要加强孩子母语的培养。联系人类最深沉感情的还是母语，而外语通常是作为语言工具来学习的，母语除了交流工具的职能外，也承载了本民族的心理习惯和文化认同，母语才是真正的竞争力。

8. 孩子的数学思维能力应从小培养

培养孩子的数学思维、数学方法以及数学推理能力看起来好像是个大课题，其实家长在日常生活中就可以对孩子进行培养。

很多父母都重视孩子认字、绘画能力的培养，但对数学能力的培养往往都觉得无从下手。一方面大家都知道数学能力的重要性，一方面又不希望孩子过早地接受加减乘除的训练。

这其实是我们对数学的误解。把数学能力局限在了算术能力，这是很片面的。数学和算术其实是两码事，真正的数学能力是逻辑思维能力、推理能力。现在有些早教班教孩子的珠心算，将 3+2=5、1+2=3 等算数当作图谱让孩子硬记住，让孩子一看到或听到某两个数字的计算，就能条件反射地说出答案。

而“3”是什么，“2”是什么，他们都意味着什么，“5”在数轴上所处的位置在哪儿，孩子都不懂。著名数学家陈省身先生曾大声疾呼，我们十几年的数学教育，只是让学生学会了计算，而没有理解什么是真正的数学。

学算术也不用学算得如何快。过去我们有珠算，现在有计算机，人脑算术无论如何也比不过计算机算得快。数学逻辑智能所说的“处理一连串的推理，识别模式和顺序的能力”，即除了计算之外，数学逻辑智能中所包含的逻辑和推理、识别模式、可能性和科学的分析倒是值得我们对孩子悉心培养的。

所以，我们不止要让孩子学会“3+2=5”，还要知道这个算式背后的数学意义是什么。学习数学的终极目标不是那些具体的知识，而是在学习的过程中潜移默化地锻炼思维方法和思维水平，也就是说数学思维具有一般思维的普遍性。

培养孩子的数学思维、数学方法以及数学推理能力看起来好像是个大课题，其实家长在日常生活中就可以对孩子进行培养。孩子对世界有天生的好奇心，父母可以通过故事、图片、儿歌等有趣的形式让孩子对周围环境的数、量、形、时间和空间等概念产生兴趣，并形成具象的认识，进而建构初步的数概念，并学会用简单的数学方法解决生活和游戏中的某些简单问题。

像“多”和“少”的概念，父母就可以通过引导孩子观察生活，对它们形成具象认识。比如引导孩子发现：饿的时候就可以吃多点儿，吃两碗饭；不太饿呢，就少吃点儿，吃一碗饭。只要是家长有心，就会发现数学概念渗透在生活各处。比如，孩子要吃饼干，你就可以问他，你要吃几个？他说两个。你可以再问，两个够吗？如果不够，你就问他要几个，他说要三个。这时他就知道“三个”是多的。这也是推理能力啊。

孩子上学的时候，会学加减法和乘除法。其实这些概念父母在生活中也可以告诉他。有一碗爆米花，我们往里面放一点，这个叫“加一点”；你吃掉了一些，那碗里的爆米花就少一些，妈妈拿走了一些，爆米花又“减去了一些”；

而若两碗爆米花倒在一起，就是“乘法”。

这样等孩子上小学的时候，他们脑子里有这些概念，学起来就会容易。但是，如果他们脑子里没有数学的概念，靠死记硬背是很难学好的。另外，还可以通过游戏、儿歌让孩子对数字有感性认识。我记得有一个游戏叫“你拍一，我拍一”，就是两个小朋友一边对着拍手，一边说一些关于数字的顺口溜，比如，“你拍一，我拍一，一个小孩开飞机”，这样的游戏就非常好，既可以让孩子学说话，还可以锻炼孩子的手眼反应能力，并且可以让孩子对数学概念有早期的认识。

9. 依据天赋，培养特长

要了解孩子的天赋所在，平时应多观察孩子。但若对自己的观察结果不太确信，可以请相关专家对孩子的智能结构进行评估。

没这个天赋，就不吃这碗饭

现在社会上的“兴趣班”可谓遍地开花。家长们担心孩子的潜力被埋没，也有些因为自己没有在艺术道路上有所建树，就寄希望于自己的儿女，于是这些兴趣班就“应运而生”了。孩子被安排了舞蹈课、绘画课、钢琴课等很多课，他们的空闲时间都被填得满满的，但取得的效果并不是很理想。

有很多父母来我诊室抱怨：孩子学什么都三分钟热度，给他们安排的钢琴课、美术课都是三天的热度，之后就不愿意去了。

这都是可以理解的啊。小孩在桌子上敲一下，声音很呆板，但给他一架钢琴敲一下，流出的声音很悦耳。孩子刚接触当然新鲜，当然感兴趣，因为敲钢琴比敲脸盆有意思多了。但学钢琴不下苦功夫是不可能有所成就的。那么在最初兴奋后，孩子将面临专业的考验，五指要尽可能伸展，伸展肌和收缩肌要灵活配合，手部和耳眼也要协调一致，耳朵要有很强的辨音能力。

这时，如果孩子有学钢琴的天赋，也就是俗语说的“天生就是吃这碗饭的”，那么没问题，练习虽然枯燥，但他总能从中取得成就感，这一点点成就感就能激发他继续学琴的热情。但若这孩子天生乐感就差，耳朵欠缺良好的辨音能力，那么他再继续练习下去无疑就是受罪。我见过在戏校学戏的十来岁小孩，一上课就换上练功裤，肩上搭一条手巾擦汗，等下课拧毛巾能拧出水来。学什么都是苦功夫，若再没点兴趣支撑，怎么可能坚持下去。

孩子的天赋，不能埋没

那么怎么才知道孩子对一个领域是否感兴趣呢？很多父母来我这儿抱怨：“兴趣班的老师说我的孩子很有天赋，可他就是不肯学。怎么办呢？”因为利益的关系，兴趣班的老师可能会为了留住学生，而向父母夸大了孩子的天赋。我们要做的是自己通过观察搞清楚孩子是否有这个天赋。

世界著名数学家、物理学家高斯，小时候虽然非常顽皮，却有很高的数学天赋。有一次老师出了一道算术题：1+2+3+4+…+50=？他不到五分钟就给出了答案。于是，这位数学老师看到了高斯在数学上的天赋，并对他的数学能力进行了重点培养，最终高斯成就了事业上的辉煌。

要知道孩子有无某方面的天赋，父母应该多观察，多沟通，多了解孩子自己的想法。有的孩子喜欢音乐，对声音比较敏感，比如年幼时听见音乐就手舞足蹈，教他唱歌他能唱准节拍；有的孩子爱好美术，他可能爱看绘本，喜欢画画，在衣服、纸张、地面和墙壁上都画；有的孩子爱观察昆虫，能叫出很多昆虫的名字，说出它们的习性特征，等等。发现了他们的特点，才能因材施教，让孩子们沿着自己的兴趣主动地学习和发展。

单靠自己的观察，如果还不能判断的话，可以请专业人士对孩子进行一个评估。比如要看孩子有没有钢琴天赋，可以请资深的钢琴老师帮着评估一下。让他们看看孩子手部关节的软硬程度是不是刚刚好；看看各个手指之间离得是不是足够远；看看孩子的耳朵能不能听出音乐的节拍和旋律，也就是看看孩子有没有乐感；看看孩子对音乐的记忆力和模仿力。

若孩子真无某方面的天赋和兴趣，就不要勉强孩子学下去了。就像我，我的辨音能力差，我孩子的辨音能力也差。那么我就不会着重培养他音乐方面的造诣。但有的家长说了，可以不当专业，让孩子有一个兴趣也好。给孩子培养一个兴趣很好，但是需要建立在他有感觉有兴趣的基础上的，他没有好的体验，学习也是痛苦的。就像你非要在旱地里种水稻，稻子能发芽，能抽穗，可它能丰收吗？从经济学上来说，时间就是成本，世俗一点来说，孩子学了这个就没那么多精力学另外一个了，那么在其他方面的天赋就可能被埋没。如果实在不知道孩子的天赋在哪儿，可以根据孩子的兴趣，多次尝试，也可以基于孩子将来是否能受益为孩子选择兴趣班，比如，让孩子上个形体课、舞蹈课或者体能课。

有的父母想，孩子在这方面弱，我正好可以让他上个兴趣班，补足一下这方面的能力。但是，父母一定要想清楚，是补充孩子哪方面的能力。比如，我的孩子辨音能力差，我会让他学个电子琴。这个才艺没那么难，又可以提高我孩子的辨音能力，因为辨音能力对学习其他方面，比如外语，也很有用。但是，父母这样做时要注意，让孩子进这种班的时候，一定要先跟老师打个招呼，说孩子这方面能力可能会较弱。

有天赋，教育也要到位

通常孩子若有学某项才艺的天赋，都会学得比较快。而学得快对孩子本身又是一种激励，他会对此付出更大的热情。这个过程就是一个极大的心理享受。但若孩子有天赋，因为畏难而想放弃，家长就要考虑一下教育方式了。

在这个过程中，我们不要忽视家庭对孩子的影响，中国人所谓的“家学渊源”。孩子是在你提供的独一无二的环境中长大的，家里有人爱好音乐，孩子喜欢音乐的概率很大，家长爱画画，孩子天然对视觉的内容会有亲近感。当然，如果实在是对文、体、音、美没有感觉，但又希望帮助孩子开启这扇门，我们不妨与周围有这方面特长的家长多交流，与相关老师多交流，看看在孩子学习的过程中，我们即便不懂，但是能够配合老师做些什么。

另外，学任何东西都不是一蹴而就的，学习的过程必然会有曲折。所以，父母应细心观察孩子学习的状况，并从心理上给予孩子关心和鼓励，不断给予孩子前进的动力。当孩子向你展示学习成果时，应尽量给予肯定。还可以帮孩子树立目标，让孩子在完成一个个目标的过程中增强自信心。但要注意的是，目标不宜订太高。通过不断激励，孩子的特长之路会越走越宽。

10. 入学前要给孩子做什么准备？

上学后，孩子成了社会人，所以在入学前，就要学会遵守规范，并学会自我管理。家长在孩子入学前还要有意识地培养孩子做事高效的习惯，培养他们的专注力和忍耐力。

入学前，让孩子养成好的学习习惯

上学是人一生中非常重要的事。上学之前孩子是一个自然人，没有什么规矩，就像叮咚前行的泉水，任意穿梭在林间，随心所欲，浪漫无比。等上学后，规矩就来了，就像随性伸展的泉水融进了河流，再不能随意流转，要被两岸加持而行。其中，学校和家长分别是河流的两岸，学校和家长的共同引导，才可将孩子这条活泼又带点淘气的河流引向大海。

上学以后，孩子便有了社会角色，成了社会人，社会人就要遵守社会规范，比如上学不能迟到早退，老师讲课不能说话，等等。他们不仅要遵守社会规范，还要承担社会责任，比如写作业就是小学生应该承担的职责。其实，写作业对于刚上小学的孩子来说是很难的任务。这些职责我们都要让孩子提前了解，并可以和孩子提前演习，比如给孩子布置一个任务，让孩子在规定的时间内完成等。

在督促孩子写完作业时，还要培养他们高效做作业的习惯。做作业时应集中精神做，要完成一个任务，就一口气把它完成。有的孩子写作业的时候，总是一会儿去喝水，一会儿去看电视，一会儿又吃香蕉，把本来十分钟能做完的事拖一个小时。这个习惯一定要想办法改掉，要让孩子养成不拖沓的习惯。这样，孩子就可以把时间节省下来玩他想玩的。这个习惯很重要，会直接影响他将来的工作习惯。有效率的学习和工作，相当于节省了生命。

上学后需要孩子上课老实待在教室里，这对孩子的忍耐力和注意力都是挑战。所以，在孩子入学前，家长要多注意培养孩子的专注力。比如，我们可以找出一大段时间，让孩子安静地去做一件事，像画一幅画、拆装一个玩具等，我们要做的是，尽量不要打扰他们。

入学前，让孩子学会自我管理

孩子上学前，还需要给孩子购买一些学习用品，比如书包、橡皮和铅笔之类的。书包给孩子尽量买轻便的，并且里面的内兜不宜太多，以防孩子要找东西找不到；橡皮尽量买柔韧易擦的；铅笔买 HB 的，尽量不买自动铅笔，因为孩子写字比较用力，自动铅笔比较容易断铅。买了学习用品，还要教会孩子管理好自己的物品。自己要将自己的东西放好，不要丢失。不经过别人的允许，不碰别人的东西，借别人的东西要经过允许，用完要还给别人等。

另外，让孩子在上学前学会整理自己的物品很重要。经常有家长来我这儿抱怨说："孩子的书包杂乱无比，他找东西要找半天。"这都是过去家长事无巨细地帮孩子做事情，孩子没养成自我管理的能力。自我管理的能力从小就要培养，孩子入学之前更要强调。家长可以有意识地让孩子将自己的图书、玩具以及生活用品放好，如果一开始他不愿意，我们可以带着他一起做。如果每天在睡前都跟孩子一起收拾屋子，坚持 1 个月至 2 个月，孩子会养成这个习惯的。

入学前，调整好孩子的作息规律

对于入园时间，幼儿园虽然有要求，但要求并不严格。八点入园，有的孩子九点或十点来都没关系。但小学就是正规学习的开始了，作息时间肯定要规律起来。所以，在入学之前，要培养孩子的时间观念，要让孩子懂得什么时间应该做什么事，什么时间又必须做什么事，如几点出门去上学，几点吃午饭，几点写作业，都需要规定好，让孩子生活的节律提前适应小学的生活节律。

另外，在入学前，家长还要着重提高孩子的生活自理能力，让孩子学会系鞋带、大小便后的清洁等。还要着重对孩子强调一下安全问题，比如，不要上陌生人的车，不要玩火，不要打架等。

11. 孩子学习差，家长怎么办？

孩子学习成绩不好，可能是教学方法或是孩子学习方法的问题，也可能是由孩子的智能结构造成的。家长必须要弄清楚原因。

咨询专家，发现孩子的智能结构

美国哈佛大学教授霍华德·加德纳曾提出过多元智能理论，将人的智能分为语言智能、数学逻辑智能、音乐智能、肢体动觉智能、空间和视觉智能、人际关系智能和内省智能等几大模块。每个人的智能都是由不同的智能模块组合而成，也就是说由智能决定，每个人擅长的领域并不相同。

孩子学习成绩不好，可能是教学方法或是孩子学习方法的问题，也可能是由孩子的智能结构造成的。像邓亚萍这样的运动员，他们脑中肯定是肢体动觉智能占的比重较大，而他们脑子其他模块的智能比重可能就不会特别大。所以，他们的文化课成绩可能就比较普通，不太突出。

对于智能结构中某项智能占比较大的孩子，家长应尽量鼓励孩子往这方面发展。传统的教育会鼓励孩子“补弱项”，这样可能会让孩子提高了一些

“弱项”的成绩，可失去了学习兴趣后，恐怕他连强项也没有了。所以，也有教育工作者认为，应该充分“发扬强项”，舍弃弱项，让他们在擅长的领域里尽情发展。这是教育的理想状态，不过在人类社会普遍实行标准化教育的今天，敢于采取这种方式的人还很少。

比较务实的办法是，对于孩子某项智能有突出表现的，家长应鼓励他发展强项，让他以自己的强项而自豪，进而树立信心，之后再以强带弱。这样强项更强，弱项也不太落后。

孩子长期学习差，且不分学科，父母就可以请心理专家分析一下，看看是什么原因造成的，是因为智力结构问题，还是因为心理原因。如果是智力结构问题，家长就可以选择让孩子着重发展智能结构中突出的“强项”，但若“强项”不太突出，只是稍微突出，家长应该找出孩子的“弱项”，努力将其找平。

找到原因，对症解决

除了因为智力结构的问题，孩子学习成绩差，还有以下几种原因：第一种常见的原因是学习时注意力不集中，一心二用。针对这种情形，我们主要可以采取培养孩子专心做事的能力的办法，比如，跟孩子约定一个闹铃时间，在闹铃响之前，孩子要完成某项任务，不可以从事其他的任何事情。对于已经形成边学边玩习惯的孩子，家长要预估家庭作业时间，在规定时间内完成作业的，事后可以让孩子从事他喜欢的娱乐项目，而一旦超出时间，就把这个项目取消。久而久之，孩子专心学习的习惯就养成了。关于注意力，在孩子入学前，家长就应该着重培养。

第二种常见的原因是，孩子语言理解和表达能力差，影响孩子理解书本知识以及写作文的能力。要消除这方面的影响，父母也应从幼儿时期开始努力。比如，在孩子小时候，就多跟他沟通，多读故事书给他听，培养孩子的语言理解和表达能力。

第三种常见的原因是，孩子贪玩回家不复习。针对这个原因，家长可以多跟孩子沟通，激发他学习的主动性。比如，帮助孩子在学习中找到克服困难的乐趣，或者用孩子的愿望来帮助他克服眼前枯燥的课本。我儿子小时候特别喜欢玩小汽车，他跟我说，他希望以后当一名汽车驾驶员，我很认可他的愿望，并且在他贪玩而忘记复习时，我就会说："考驾照是需要用笔答考卷的，可是我们都没有学习到本领，将来怎么能看懂驾照考试的题目呢？"他就回去乖乖地复习了。孩子年纪小的时候，你可以跟他这么沟通，他也乐于接受，慢慢地他也就养成了回家要花点时间复习的习惯了，一旦从小养成这个习惯，后面就会顺畅很多了。

孩子不爱动脑，教的东西记不住

第四种常见的原因是，孩子学习不动脑筋，老师教的东西记不住。针对这个原因，家长要首先反思自己。

很多家长在教孩子功课时，总觉得孩子笨。那么简单一个题，孩子怎么想不到呢。这是因为家长不理解孩子，强孩子所难了。

有一个这样的实验，在一个纸片上写上0到9几个阿拉伯数字，要求参与实验的孩子将3画出来。对于这么一个简单的要求，不同年龄阶段的孩子表现迥然不同。初中的孩子，看见3就能画出来，特别快；小学高年级的会稍慢点，但也用不了多久就能画出来；而小学一年级的孩子，就画得特别慢，并且画时还非要用手指着。理解了这个实验，我们也就能理解孩子在不同年龄段智能水平的差异了。

当家长辅导小孩子功课时，以自己的思维衡量练习题的难易，当然会觉得容易。有的家长在启发孩子做题的时候，总是思维太超前，或者是直接告诉孩子结果。长期下去，孩子就会觉得自己学习不行，一旦当他遇到不会的功课，就想找家长来代劳，自己也不动脑子了。

所以，家长辅导孩子功课时，一定不要代替孩子思考，而应将思维调到和孩子一个频率——孩子“笨”，家长要比他们还“笨”。我儿子小时候，我就是这么做的。他小时候问我问题，我总说这个问题我得想一想。然后，我把我的思路自言自语地说出来，他就跟着我的思路慢慢搞清楚那个题怎么解了。如果父母直接告诉孩子答案，有用吗？他写作业的目的是练习，家长直接告诉孩子答案，还能让他得到锻炼吗？所以，家长聪明的办法就是教给孩子解题的思路。

另外，孩子学习差我们不仅要从孩子身上找原因，还要从自身和老师身上找原因。家长要多跟老师沟通，跟老师一起找出最适合自己孩子的教学方法，请老师有针对性地沟通和教学。

要想让孩子学习好，最根本的方法是激发孩子的学习兴趣，没有什么比孩子自己愿意学更能产生学习动力了。有一本经典的绘本叫《点》，看起来是给孩子读的，我倒是觉得，其实应该是给成人，尤其是家长和老师们读的。书中主人公叫瓦莱士，他是一个完全不会画画的孩子。有一天，老师让他画画，他说自己不会画，结果老师就说，你随便画一笔吧，于是瓦莱士就非常不情愿地随便画了一个点，还带点挑衅的意味。没想到，老师却说："签上你的名字。"他照做了。过了几天，这个孩子居然在老师的办公室看到了自己的作品被非常认真地挂在了墙上，且老师没有对他以及这幅作品说过任何一句评论。瓦莱士很吃惊，他发现自己画的点居然那么受重视，也那么有特点，于是他开始了一发不可收拾的关于"点"的创作之路，甚至还以点作画举办了画展……

12. 孩子沉迷于电脑游戏，怎么办？

要治疗孩子的电脑游戏瘾，药方就是给他提供更大的诱惑力。

快到中考的时候，很多家长会来我们医院开免体育测试证明。因为升学考试之前一般会有个体育达标测试，可现在孩子的体力远不如从前了，跑两步都可能气喘吁吁的，也有很多孩子有过度肥胖的问题，加上之前有报道说有学生因长跑猝死的，所以，现在这个体育达标测试要求没那么严了。如果身体有特殊情况，可以免试。因为测试总分是 30 分，及格要 19 分，有的孩子怕自己不及格，就只能让家长来医院开免体育测试证明了。

现在孩子体力差，主要原因就是锻炼太少。孩子除了上学，大部分精力都用在了打游戏和看电视上面了。长期盯着电脑屏幕，不仅会使体力变差，视力也会下降。当然，有不少孩子还会沉迷游戏。

电脑游戏瘾，是家长让孩子染上的

孩子为什么会沉迷游戏，大部分是因为家长给孩子树立了“榜样”。从孩子的模仿期开始，孩子就看到家长不是紧盯着电脑，就是一有空就掏手机来看。这样的印象会让孩子认为玩电子游戏是一种正常的生活模式，他效仿是很正常的。孩子小的时候，能力有限，很多娱乐活动都不能自由进行，而触屏手机或电脑只需动手指就可以了。况且，游戏里还有精彩画面，悦耳音乐，简直是丰富多彩，这些都让孩子对手机和电脑欲罢不能。

当人在做某项令人愉悦的活动时，体内会产生一种被称为内啡肽的物质。它是吗啡的前身，会使人产生愉悦的感觉。所以，当身体呼唤内啡肽时，人就会重复那种令人愉悦的活动。比如，一男一女愉悦地跳交际舞，他们体内就产生了内啡肽。体内内啡肽量多了，便会上瘾。如果想脱离内啡肽，人在生理上会很难受，血压血糖都会受影响。

更麻烦的是，当孩子开始迷恋手机、电脑游戏时，有些家长非但不阻止，反而鼓励孩子去玩，并且也不规定时间。有的家长陪孩子觉得无聊，想去做别的事情，就会打发孩子去玩电脑或者看电视。这下孩子老实了，但孩子玩游戏就可能会上瘾，等他上瘾后，想让他戒掉可能就没那么容易了。所以，家长在培养孩子时，尽量不要“偷工减料”，等到造出“豆腐渣工程”再想去弥补是很费劲的。

手机、电脑游戏不是不可以玩，玩游戏是为了让我们的生活更丰富和有趣，但是玩游戏上瘾其实是让虚拟的游戏世界代替了现实，或者占据了孩子太多与现实沟通的时间，这无论从智能发展还是从情商发展方面来讲，对孩子都是不利的。

药方就是给他更大的诱惑

要治疗孩子的电脑游戏瘾，药方就是让他在跟电子产品互动以外的生活更丰富，诱惑力更大。假期时间，父母尽量不要让孩子窝在家里，尽量制订充实完备的出游计划。春夏秋冬都是出游的好时节，可以呼朋引伴到野外去，钓鱼、爬山、跑步、滑雪等。一来可以让孩子锻炼身体，二来还可以让孩子多跟小伙伴交流，提高孩子的社交能力。天气不好的时候，可以选择去博物馆、艺术馆、美术馆之类的地方，让孩子多受人文气息或者艺术气息的熏陶。

其实，只要父母用心多陪孩子，孩子会很愿意参加各种活动的。如果你坚持这么做，你会惊奇地发现，孩子喜欢跟自然、人甚至小动物互动，胜过电子产品。

Chapter 5

成人需要认真考虑的问题

孩子的问题都是父母的问题，在养育孩子之前，父母首先要自我反思：“我性格成熟了吗？”

1. 夫妻吵架需要回避孩子吗?

父母是孩子心中的靠山，家庭理应是家人栖息的安全港湾。如果父母无休止地争吵，孩子会认为父母要分手了，他所依靠的大山要解体了，依偎的港湾要没有了。

已经为人母的小云，现在有时候在人群中时，也会突然心头一紧，好像听见爸爸妈妈又吵起来了。爸爸的怒吼，妈妈的哭泣，给小小的她带来了排山倒海的恐惧。每次爸爸妈妈打闹起来，她只能到处求邻居劝他们。以至于很多年后她依然会莫名地心惊胆战。

父母是孩子心中的靠山，家庭理应是家人栖息的安全港湾。如果父母无休止地争吵，孩子会认为父母要分手了，他所依靠的大山要解体了，依偎的港湾要没有了。所以，父母吵架会让孩子非常惶恐，非常没有安全感，就像小云一样，并且这种恐惧感会伴其一生。

小云现在已为人母，显然爸爸的暴脾气已在她身上打上烙印。丈夫一有什么做错的地方，她就会忍不住暴跳如雷。她之所以会来我的诊所，是因为她最近发现，才 1 岁的女儿发脾气的样子和她如出一辙。

与小云父母不同的是，小董的父母总是以冷战处理矛盾。“家里静得可怕，好像到处都拉着一根弦。走路都不敢出声，生怕说话声音大一点，那根弦会断。”小董跟我说起小时候的事，满眼无助。通过交谈，我发现他受小时候父母关系的影响很深，比如，她性格敏感、不自信，胆小怕事，不信任别人，很难与人建立长久的亲密关系，所以男朋友也是换了好多个，总是觉得不合心意，或无疾而终。

夫妻无论是大吵大闹，还是冷暴力，毫无疑问都会给孩子带来心理上的伤害。长此以往，不仅会使他们没有安全感、不自信，养成敏感的性格，还会影响他们的人际交往。这样的家庭培养出来的孩子要么选择用打骂的方式来解决问题，要么对人对事很冷漠。

所以，夫妻吵架或者是冷战都尽量不要当着孩子的面。每次需要争论时，最好把孩子支开，或者是你们找借口出去。如果实在是没忍住，在孩子面前吵架了，那就要在他面前和好。俗语讲，“床头打架床尾和”，“夫妻没有隔夜仇”，你们吵完架没事了，可孩子心里还有阴影呢。所以，吵完架要给孩子一个交代，要告诉他，你们之前确实吵架了，不过现在已经和好了，完全没事了。

虽说可以用“和好”的办法，补救对孩子造成的伤害，夫妻间也不能总吵总补救，那样就不管用了，所以最好还是要寻求一些积极有效的沟通方法来解决矛盾。在某些问题上，建立从属关系，比如在吃饭、睡觉的问题上，妻子听丈夫的；打扫卫生的问题，丈夫听妻子的……夫妻间还要注意沟通的方式，比如妻子需要让丈夫帮忙时，尽量语气平和，而不是气急败坏地命令丈夫；丈夫呢，也应该多找找自身的原因，是不是对妻子不够关心，对孩子陪伴不够。

关于两性沟通的方法和技巧，可能写一本书都说不完，在这里就不多说了。回到咱们教育的主题上来讲，如果在孩子面前发生了争吵，前面说的，除了要在孩子面前和好外，大一点的孩子，我们应该向他们说声“对不起”，“是爸爸妈妈的行为吓着你了”，等等，同时可以跟孩子说明争吵的原因，让他试着去理解人与人之间可能存在的分歧。真诚的沟通比任何物质的弥补都要有效得多。我们也要让孩子看到，大人也是会犯错误的，同时教会孩子犯了错误以后又是怎样承担而不是逃避的。也许偶尔的一次争吵，还能带给孩子不少的正面意义呢。

2. 离婚父母也能养育优秀的孩子

无论是勉强维持婚姻还是最终离异，对孩子都会有影响。其实，将对孩子的危害降到最低的关键，是父母平和的心态。

“我们什么时候离婚好呢？等孩子大一点再离呢？还是趁孩子还小赶紧离了呢？怎样才能最小程度地影响孩子呢？”有很多想离异的家长会来问我这些问题。大家现在离婚时能想到减少对孩子的伤害，这是很大的进步。但是，我想告诉他们，对孩子来说，离婚没有最佳时间，忍着不离对他们伤害更大。

健康的单亲家庭，好过病态的双亲家庭

“你任何时候离婚，都对他们是伤害。”我总是这么跟他们说。孩子两三岁的时候，对父母的依恋最强。四五岁的时候，是父母认同期，这时候没有父亲或母亲的爱，孩子的成长都会受影响。没有父亲的爱，他到了社交场合就会不太自信，没有母爱就会缺乏安全感。十一二岁时，孩子处在逆反期，本来就不爱跟父母在一起，如果家庭破碎了，他就会对家庭更冷漠或者更叛逆。孩子再

大一点离婚更麻烦，弄不好还会让他们对婚姻产生怀疑。所以，对于孩子来说，并没有更好的离婚时间。

可是，为什么又说拖着不离反而会使家庭环境更病态，对孩子更不利呢？夫妻关系已经破裂，还勉强住在一起，不管怎么伪装，营造出的气氛肯定是不和谐的，孩子天性敏感，必然能察觉到。所以让孩子处在一个病态的家庭里，还不如让他待在一个健康、阳光的单亲家庭里。因此，如果夫妻双方都想好了，确定过不下去了，就干脆离吧，但前提一定是确实过不下去了。古语说："宁拆十座庙，不毁一家亲。"离婚对自己对孩子都是大事。

将危害降到最低，关键是家长的心态

下定决心离婚后，自己要摆正心态，这样对自己好，对孩子也好。有的人离了婚就愁眉不展，面对未来很迷茫，这种心态是需要调整的。离婚不是一件好事，是人生中的一次危机，但是危机里其实潜藏着的是机会。离婚的目的是为了让生活不再那么糟糕，是为了未来生活能够更好。你把离婚看成一个创造机会的步骤，把它看成是给孩子创造健康家庭的必要路径，你的心态就不一样了。离婚也许是不得已的选择，但是这种选择一定是你认为当下最好的选择，既然都是最好的选择了，那么我们何不调整心态，看到它积极的一面呢？

如果你有一个阳光心态，能依然平和地照顾孩子，让他不缺吃不缺喝，还能陪他玩。你自己也积极为组建新家庭做准备，这样孩子生活里就会又有新的活力。

需要注意的是，带着孩子的一方不要把对前伴侣的不满、愤怒总说给孩子听。作为伴侣你们也许无法继续，但是毕竟对方还是孩子的父亲或母亲，我们没有必要在孩子的心里种下仇恨。要知道，孩子对父母的爱也是无私的，如果你总是攻击离婚的另一方，孩子肯定是无所适从的。如果孩子要问起，你们为什么要离婚，你可以大方地告诉他，“爸爸妈妈现在不相爱了，但是我们对你的爱从来都没有变过”。

另外，有条件的话，还可以创造一些孩子和另一方相处的机会，比如周末可以由对方带出去玩，平时可以让舅舅或者姑姑多来家里陪孩子玩等等，从而弥补性别缺失造成的伤害。

3. 可以跟孩子谈论死亡

为死者举办的仪式，如果没办法让孩子回避，就可以让他参加。但要告诉他，举办仪式的目的是为了让死者得到安宁，生者的心灵得到宽慰。

孩子在书上或者电视上看到死亡事件发生时，他可能会感到困惑，并向你提出这些问题："死是什么呢？""死以后为什么不能说话了呢？""为什么死会让人难过？"咱们中国传统的教育方法，通常是回避这个问题，但是很多父母反映，越是回避这个问题，孩子好像对这个问题越有兴趣，弄得他们不知道如何是好。

太伤心的事件，应让孩子回避

其实不是孩子喜欢谈论"死亡"，而是家长对这个问题讳莫如深，让他们很困惑。孩子天性就爱探索，所以父母越是刻意回避，他越是想弄清楚。

其实，当孩子向父母提出这个问题时，父母也不用刻意回避，可以用大自然的规律跟他解释，比如树有发芽就有凋零，但是凋零以后，他还会发芽，循环往复。这是一种由生到死，又由死到生的过程。所以，不要让他把死亡想象成特别悲惨的、恶性的、黑色的事情，而应该让他坦然接受人也会死亡的事实。

当家中出现死亡事件时，很多父母也不知道如何引导孩子面对这个问题。比如，家里有老人病重时，很多人会把孩子抱过去给老人看一眼。其实这没有必要，因为医院抢救病人本身就很紧张，场面混乱，孩子眼中全是白花花的一片，家里人全都紧张难过。这对孩子来讲不会是一次舒适的经历，小点的孩子可能还会被吓着。

大部分家庭面对的死亡事件都是老人过世，有极少家庭会出现车祸等意外事故造成的突然死亡。若这类情况出现时，更要让孩子回避。万一遇到这种情况，家人一定要节哀，哭泣可以宣泄伤悲，但最好不要无休止地沉浸在悲痛之中。毕竟未来还要继续，孩子还要成长。我们可以等时过境迁后找合适的时机告诉孩子，起码那会儿我们能相对平静一些。

为死者举办的仪式，如果没办法让孩子回避，就可以让他参加。但要告诉他，举办仪式的目的是为了让死者得到安宁，生者的心灵得到宽慰。仪式是安慰生者心灵的，让生者的痛苦得以终结的。9 · 11 事件爆发后，整个纽约整个美国甚至世界都陷入了悲痛之中，悲伤的情绪需要出口，于是我们就需要一个仪式，来告别苦难，让心灵从灾难中解脱出来。

给孩子的宠物举行个小葬礼

另一种孩子可能面对的死亡，就是心爱宠物的死亡。当心爱的宠物死去，孩子一般都会非常难过。当他们因此大哭大叫时，有的父母会说："回头给你买新的"。但是，孩子还吵着闹着说："新的不是我原来的，我还要我原来的"。这时，父母就会觉得孩子是在无理取闹。其实，孩子是难过，是他还没有从悲伤的情绪中走出来。

面对这种情况，父母应该多理解和安慰孩子。孩子的哭，其实是悲伤情绪的宣泄——他的亲密小伙伴，他情感的寄托，就这样离他而去了，再也不能陪他玩了，这对他的打击其实挺大的，这时候他哭一哭也挺好的，挺正常的。等他宣泄完悲伤，父母可以跟孩子一起给宠物举办一个小葬礼，让孩子将悲伤在这个小小的仪式里终结。

4. 性，需要我们审慎面对

家长的“胡说八道”和讳莫如深，会让孩子把性这个问题看得很神秘，进而使他们产生更强烈的探究心理，还有可能导致孩子过早地去体验这一行为。

“妈妈，我从哪里来？”

“妈妈，我从哪里来？”当我小时候问妈妈这个问题时，她的表情有点尴尬，给我的答案是：“你是被大水冲来的”。我记得这个答案并没有把我打发，继续刨根问底，当我听说我是捡来的时，就把碗一摔，跑了出去，并扬言要去找自己的亲生父母。

这是一个棘手的问题，父母们想出各式各样的答案去搪塞孩子，都有很大的弊端。像我小时候，妈妈给我的答案会让我非常不安，害怕会再被抛弃。其实，三四岁的孩子问这个问题，目的是为了寻找“归属感”。

其他的答案也漏洞百出。比如有个妈妈对孩子说：“妈妈在肚子上切了个口子，就把你拿出来了。”这个答案会吓坏孩子，孩子会想：“自己手上有个小口子都那么疼，何况是肚子上的大口子。”

还有一个妈妈告诉孩子：“你是地里种出来的。”结果这个孩子就经常去地里播种子，他说，他要种一个弟弟出来，让全家啼笑皆非。

有更严厉的妈妈，面对孩子问这一问题会严加呵斥，命令孩子以后都不要再问。家长的“胡说八道”和讳莫如深，会让孩子把性这个问题看得很神秘，进而使他们产生更强烈的探究心理，还有可能导致孩子过早地去体验这一行为；也有可能导致孩子认为性是可耻的，即所谓的“性不洁观”。

所以，为了防止孩子胡思乱想，胡乱探究，父母不如实话实说：“你是我生出来的。”当然，父母这么回答会引发孩子继续探问。这时，你可以告诉他先是在妈妈肚子里慢慢长大，然后长到一定的程度，就被妈妈生出来了。

我有一对朋友对孩子的回答更是充满想象和爱意。他们跟孩子说：是爸爸和妈妈先谈恋爱，然后就结婚了。那会儿宝宝还是天使在天上飞来飞去，然后他发现这对爸爸妈妈不错，人很好，就心想，我来做你们的宝宝吧。结果这个小天使就飞进了妈妈的肚子里，然后妈妈把他生了出来，就是你啦！所以，是你选择我们做你的爸爸妈妈的。于是，孩子对这样一个回答非常满意，因为是他自己选的。

对于不同年龄段的孩子你的回答要与他年龄相称，如果孩子已经到了十几岁了，那你大可以找一张生理结构图来给他讲讲，他到底是从哪里来的。我们的原则是不要撒谎，就像刚才那个天使的例子，是一个抽象诗意的表达，当孩子知道生理的真相以后，并不会觉得父母欺骗了他们，相反还会觉得结婚生子很美妙。

让孩子远离性骚扰

一向乖巧温顺的小梅在新婚夜将新郎刺伤了。当警察询问其缘由时，小梅竟说出了自己小时候被性侵的事情。5 岁时，小梅曾被性侵，因为太过恐惧，小梅潜意识选择了遗忘。直到多年后的新婚之夜，这份沉痛的记忆才被唤醒，导致了小梅的极端行动。

事实上，儿童性骚扰的后果可能非常严重，会给孩子生理和心理造成巨大伤害，严重者可能会影响孩子的生活。但是，可怕的是这种事件还在不断发生。

美国国家失踪及受虐儿童中心（NCMEC）统计：有 1/5 的女孩和 1/10 的男孩在 18 岁以前受到过性侵犯；而 12 岁以下的儿童中，4 岁宝宝被侵犯的情况最为严重。虽然中国还没有具体的统计数字，但是从最近国内被频繁曝出的儿童性侵案可以看出，中国的情况也不容乐观。更让人觉得恐怖的是，凶手可能是本应和蔼可亲的幼儿园和中小学的校长或老师，也可能是亲朋好友，孩子身边潜在的危险，让父母胆战心惊。

为了让孩子远离危险，父母应该做到防患于未然：对孩子进行防性侵安全教育，要告诉孩子，男女有别，男孩要上男厕所，女孩要上女厕所。在给孩子洗澡时，要告诉孩子生殖器等重要器官，是孩子的隐私部位，平时都要穿上衣服遮蔽起来，这些部位别人是绝对不能碰的，隔着衣服和手套也不可以。如果有人碰你，让你惊讶或不舒服时，一定要告诉家长。还有就是，一定不要去陌生人家里；如果遇到什么奇怪的事情，一定要告诉家长或大声呼救。让孩子学会辨别是非，当别人提出不合理要求时，让孩子一定学会说不。

不要扭曲孩子的性别

我有个朋友，有一次慌里慌张地来找我，说孩子最近经常浏览同性恋网站，“我的孩子不会是同性恋吧，我之前反对她早恋，现在真希望她赶紧早恋。”

孩子都有猎奇心理，十几岁的孩子可能不了解同性恋怎么回事，等她“猎奇”完，就对这方面没兴趣了。况且女孩子之间在中学时期关系都非常亲密，她们做什么事都愿意一起做，所以才有“闺密”这个词语。这些都没问题。但若真的是同性恋，担心也没用，因为同性恋是天生的。

我有另一个朋友也有过类似的困扰。她儿子小的时候见妈妈的丝巾很漂亮，自己也愿意围一下，甚至还会穿上姐姐的裙子，把自己打扮得像个小姑娘。更让她妈妈担心的是，他还特喜欢漂亮的芭比娃娃。看到儿子这些表现，妈妈担心了很久，还向我咨询，问我他的孩子长大会不会“娘娘腔”。我安慰她：“男孩子也喜欢美的东西，这只是他的一种欣赏品味。”没有事实证明小时候喜欢娃娃的男孩长大了就是娘娘腔，比如刚才说的这个男孩，长大以后，一点都不是娘娘腔，反而非常绅士，会保护姑娘。而且他小时候对美的敏感还发展成了他的专长——他学了美术专业，并且创作了很多很好的画作。

在性别认同中，也有性别错位之说，但是在小孩身上发生的概率非常小，家长不要担心。有的小男孩想变成像女孩子一样漂亮，有的女孩子想变成像男孩子一样帅气，这都很正常。

但就怕家长误导孩子造成自我性别认知错乱。有的家长会把自己家的男孩当女孩养，或者是女孩当男孩养。这多半是因为他们希望生个女孩，结果生了个男孩；或者是想生个男孩，结果生了个女孩。如果把女孩当男孩养，给她戴个大盖帽、剪个板寸头、穿个制服，让她行动坐卧都像男孩子，这样慢慢诱导，她可能真的就把自己当男孩子了。这样发展下去，她甚至还会厌恶自己原本的性别，厌恶自己，那就不好了。

所以父母要非常尊重孩子的性别角色，他是男孩你就按照男孩的要求培养，她是女孩你就按照女孩来培养。女孩，天生会喜欢衣服，喜欢梳小辫；男孩，天生爱动，喜欢枪炮剑戟。父母都要尊重，并要给予他们良好的性别教育，最重要的认同自己的性别。

在孩子面前，应注意“遮羞”

“为什么叔叔会长‘小鸡鸡’？”一个5岁的小女孩这样问妈妈。在网上一个妈妈遇到了这种情况，问我该怎么办。

孩子问这个问题就有点麻烦了，她问这个问题，说明她看见了。成年人在孩子面前穿衣一定要规范。3岁之前的孩子，看到自己同龄人或更小的孩子的生殖器官，他不会有任何联想。就像我们小时候给弟弟换尿布一样，看到弟弟的小鸡鸡，不会有任何想法。但是，如果小孩子看到大人的生殖器官就不一样了。一个男孩爱他的母亲胜过于爱任何小女孩，他对父亲的竞争感也会比对别的男孩强得多。所以，看到母亲裸露的身体对他来讲可能过于刺激。因为我们现在还不太清楚这些到底会对孩子产生多大的影响，因此我建议孩子到了2岁半至3岁的时候，父母就应该正常地着装了。

所以，大人们在孩子面前一定要把衣服穿好。不要以为孩子什么都不懂，有时候你的不经意会给孩子的心理带来不小的负担。

现在大澡堂少了，也很少有人去了。以前有很过分的现象是，妈妈经常带着已经很大的儿子去女澡堂。这样非常不好。如果真的不小心被孩子看到异性的身体，就一定要跟他讲清楚，告诉孩子，男人和女人是不同的。男人和女人的特征不一样，男人的力气会大一点。用正规而平静的语言，将事情讲清楚，他也就不会觉得有什么难堪的了。孩子看到什么并不可怕，重要的是我们用什么样的心态、语气来面对这些。你的语气是平静而健康的，孩子看到的一切也是平静而健康的；你的语气是严厉而焦虑的，孩子看到的一切就是邪恶不洁甚至是充满诱惑的。

后 记
POSTSCRIPT

历经一年多，这本书终于完成了。虽说着手撰写用了一年，但是要写一本给年轻父母看的书，是我近十年的心愿了。

因为工作的缘故，我每天接触各式各样的父母和孩子，父母对孩子毫无保留的爱，以及由爱带来的孩子人格上的偏差，一直让我感触很深。这也驱使我几十年来一直致力于用心理学的原则和方法尽力去帮助父母的爱能最有效地表达，让他们的爱能顺利建设出孩子的成长之路。

每一个孩子都是天使，是沐浴父母的光辉而生的。在父母全心全意的爱中，孩子们有享受，也有迷惑。有时看到父母和孩子因爱受伤，这是让我觉得最可惜的。因此，我一直希望能写出一本书，从而帮助年轻父母正确表达爱，让父母运用有效方法支持孩子成长并拥有卓越性格。现在这本书终于完稿了，我希望能有更多的年轻父母看到它，为他们提供一些思考视角和行为启发，我的工作就值得了。

最后，祝全天下的孩子都能健康成长！

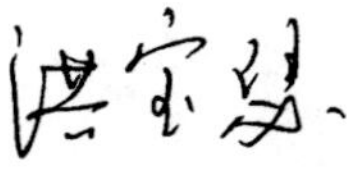

2015年12月